高效时间管理术

马盛楠 ◎著

中国纺织出版社有限公司

内 容 提 要

凡是高效管理时间的人，在一天24小时的时间里就能做很多事，不仅可以做到工作有效率、生活有秩序，还可以很好地完成每天的任务。

本书针对如何高效管理时间作了详细的阐述，不仅仅剖析了时间管理的各种方法，而且还介绍了精力管理、能量管理、任务管理，这些对时间管理都有很好的指导意义。通过此书，可以教会你有效管理时间，拥有一个生活事业双赢的高效人生。

图书在版编目（CIP）数据

高效时间管理术 / 马盛楠著. --北京：中国纺织出版社有限公司，2020.5

ISBN 978-7-5180-7069-5

Ⅰ.①高… Ⅱ.①马… Ⅲ. ①时间—管理—通俗读物 Ⅳ. ①C935-49

中国版本图书馆CIP数据核字（2019）第295369号

责任编辑：李 扬　　责任校对：王蕙莹　　责任印制：储志伟

中国纺织出版社有限公司出版发行

地址：北京市朝阳区百子湾东里A407号楼　邮政编码：100124

销售电话：010-67004422　传真：010-87155801

http：//www.c-textilep.com

中国纺织出版社天猫旗舰店

官方微博http：//weibo.com/2119887771

三河市延风印装有限公司印刷　各地新华书店经销

2020年5月第1版第1次印刷

开本：880×1230　1/32　印张：6

字数：165千字　定价：39.80元

前言

对于快节奏的现代生活，时间管理显得尤为重要。人们所常遇到的问题是：每天加班到11点还是觉得时间不够用，想学什么也还是没时间；说好的每周处理哪些事情，结束时却发现啥事都没完成；这也要干那也要干，哪里有那么多时间呢？现代人的焦虑之一，就是时间焦虑。时间不够用，身边的人比自己效率高。如何用有限的时间追赶别人的脚步，这是现代人迫切需要解决的问题。

时间就像海绵里的水，只要你愿意挤，总还是有的。这就需要好的时间管理，即合理安排、科学制订计划，充分利用好现代社会的碎片化时间，才能将时间利用最大化。又有人说，时间管理真的有用吗？每天只有24小时，再怎么管理依然是24小时，时间不会因为我们的管理延长，也不会因为我们的管理而缩短，时间管理真的有意义吗？时间管理确实不会延长或缩短时间本身，但是却让每一分每一秒都有了充分的利用，让时间不再浪费，这就是时间管理的价值。做好时间管理，让自己的时间发挥更大的价值，不能让时间管理的价值不存在，否则就是消磨时间；也不能让时间价值趋向零，不能让自己做事效率低下，所以要想办法提高自己的做事效率。

时间管理讲究的是科学方法，虽然我们分身无术，但现实生活里总有各种各样的事情，而且按照既定目标需要一件不落地做完。时间不够用，是因为我们总犹豫不决，总在想到底选这个还是选那个，时间就这样在一分一秒中过去了，结果依然一事无成。我们在安排时间的过程中，不能很好地取舍，不能分清事情的轻重缓急，所以造成时间不够用。现代社会的快速发展导致人们专注力的缺失，但又容易高估自己，工作的同时又想玩手机，所以做事情根本没法专注，只有凝聚专注力，我们才能够把效率提高。此外，最常规的方法就是优化做事顺序，同样一件事，不同的做法所导致的结果也不一样，这就需要我们针对不同事情的性质安排不同的时间和顺序去完成，这样可以省下来不少时间，可以在正常时间里挤出更多的时间。

作者

2019年12月

目录

第 1 章

不会时间管理，你不瞎忙谁瞎忙

有一种忙碌是你觉得自己忙，早上6点到晚上12点，事情排得满满的，投入时间和精力去拼命工作，却并未给自己创造出个人价值，甚至工作也没有出现巨大的突破；相反，每天感觉很疲惫，时间不够用。

明明不怎么忙却觉得忙

生活中很多小习惯、小细节，如总是为自己没有完成的事情找借口，是决定你是否成功的关键因素。而大部分的借口则是“我很忙”“我没时间”。失败是没有任何借口的，失败了就是失败了，我们在接受失败这个事实的同时，需要反省自己，而不是为失败寻找借口。

当然，成功并不是那么随随便便就达到的，我们必须付出艰辛的努力，在成功的道路上，我们要不断为之奋斗，那些坚持、付出的汗水与艰辛都可以铸就最后的成功。

或许你是一个平凡的家庭主妇，每天在灶台与客厅忙碌着，几乎没有一点儿闲暇的时间。但事实上，时间依然可以像海绵里的水一样被挤出来。例如，日本作家吉本芭娜娜先后出版40本小说和近30本随笔集，即便她有了孩子，依然坚持写作，每天与时间赛跑，为了争取多一点时间写作，她总是很拼命，有时甚至会站着吃饭。估计许多人看到这里会感到羞愧吧，比起吉本芭娜娜，许多人总是感慨自己时间不够、事情做不完，却从来不去利用那些零碎的时间。

洛克菲勒就是一位对工作异常勤奋的人。一天24小时中，他的工作时间一般都在十五六个小时，超过了一天的大半时

间。而有的时候，他甚至可以一天工作十八九个小时。有人给他计算，他的一生中平均每周工作76小时，只休息很短的时间。经常是别人已经下班了，他还在勤奋地工作。他常常对别人说："如果你什么都不想干，那一天工作8小时就可以了，可是如果你想干点什么，那么当别人下班的时候，正是你工作的时候。"别人问他："你怎么能一天工作20小时？"他却说："一天工作20小时怎么可以，我需要一天工作48小时。"当人们看到他的时候，他总是在不停地忙于工作。于是凡是认识他的人都说洛克菲勒只有睡觉和吃饭的时候不谈工作，其余时间他都泡在工作里。这位世界级的大富翁就是这样紧张而勤奋地工作着，所以他才取得了举世瞩目的成就。

难道你的生活真的有那么忙吗？真相到底如何你心知肚明，别总拿忙和没时间当借口，那不过是在为自己的懒惰找理由而已。你若坚持努力，一定会发光，因为时间是所向披靡的武器，聚沙成塔，能将人生一切的不可能都变成可能。

从来不说时间不够，保持勤勉的态度，是洛克菲勒成功的秘诀。洛克菲勒之所以能够获得成功，就在于他始终如一地重视时间，从来不以忙和没时间作为借口。在他的眼里，一天24小时已经不够用，他希望在一天内工作更长的时间。

只有善于管理时间的人才能够尝到胜利的果实，只有合理利用时间的人才能够得到命运的眷顾。所以，洛克菲勒用自己的实际行动证明了这样一个道理，如果你是一个合理利用时间的人，那么成功就已经离你不远了。

小贴士

1. 先做规划

人们关于自己的未来总会有很多规划，但当他们未能完成时总向别人推诿：“我最近忙，根本没有时间。”迟迟不见有行动，但是如果你想有所获得、有所成就，做哪件事不会耗费时间呢？

2. 别在其他事情上浪费时间

一些优秀者，举手抬足不仅优雅，且写得一手好字，当你在羡慕对方的时候，是否想起对方为了培养仪态、练字，一个人度过了多少沉默时光呢？忙和没时间是最烂的借口，因为每个人的时间都是公平的，之所以会抱怨没时间，不过是因为你在其他事情上浪费了时间。

3. 倾力付出努力

财经作家吴晓波说：“每一件与众不同的绝世好东西，其实都是以无比寂寞的勤奋为前提的，要么是血，要么是汗，要么是大把大把的曼妙青春好时光。”如果人们倾力付出自己的努力，那早晚会从量变到质变，你现在走的每一个脚印，都会成为将来实现人生飞跃的跳板。

没有时间，那是因为你感到疲惫

大都会人寿保险公司在谈“疲惫”宣传册时指出：“努力工作本身很少引起休息不过来的疲惫。导致身体疲劳的三大原因是忧虑、紧张、情绪不安。工作状态的肌肉就是紧绷的肌肉，学会放松自己，为其他更重要的事情省力气。”生活中最可悲的事情莫过于，人们总是想方设法地节省自己的金钱，却殊不知自己在浪费大量的精力。

赫希林说：“我发现最大的障碍，源于几乎每个人都相信越艰辛的工作就越得用力去完成，否则就不会做好。”所以，当人们从事脑力劳动的时候，集中精力时会不自然地皱眉头，然后耸着双肩，基本上所有的肌肉都非常紧绷，结果产生了这些不必要的紧张。然而，即便人们真的这样做了，对其思考问题却起不到半点效果。

心理分析学家海德费曾说：“我们感到的大部分疲惫，都是心理影响的结果。其实，纯粹由生理引起的疲劳是很少的。”也就是说，在生活中，我们所感到的疲劳，大部分是因精神和情感因素所引起的。事实上，大脑是完全不知道疲倦的，即便工作8小时甚至12小时之后，大脑的工作效率仍会像刚开始工作那样高。

脑力劳动不会让你疲劳。当大脑在工作时，血液通过人脑时丝毫没有感到疲惫的迹象。不过，当科学家从那些正在工作的工人的血管里抽出血液时，那里面却含有许多疲劳毒素和疲劳产物。人们之所以会疲惫，那是因为大部分情感或心理的因素引起的。

在放松自己这方面，有人或许会问是先从思想上放松，还是心理上放松？在这里，需要告诉大家的是，应该先放松肌肉。当我们需要放松眼部肌肉的时候，可以将身体往后靠，闭着双眼，然后告诉自己："放松！别紧张！放松！别紧张！别皱眉！放松！"假如我们可以重复这个动作一分钟，那双眼马上就可以放松下来。

小贴士

1. 不妨学学猫

每天记得提醒自己放松。猫很慵懒，不管它是躺在地上晒太阳，还是瘫在你怀里睡觉，猫都会很放松自己的身体。所以，当你找寻不到放松的方法时，不妨学学猫的动作。

2. 选择舒适姿势

在工作中，身体保持舒适的姿势。尽管大部分的疲惫是由心理或情感方面的负面作用造成的，不过身体的紧张会让肩膀酸痛，因此而带来精神上的疲惫。

3. 自我检查

每天保持自我检查的习惯，至少5次，例如问自己："我是否使用了与工作没有关系的肌肉？我是否让工作变得比实际上更繁重？"养成自我检查的习惯，无异于养成自我放松的好习惯。正如大卫·哈罗·芬克博士所说："越深谙心理学的人，

越能了解习惯的重要性。”

4. 每天你累吗

随时了解自己的疲惫状态，不是自己工作一天以后有多累，而是了解自己到底有多累。假如某天工作之后感觉非常累，或者感觉精神特别差的时候，就明白这一天不管是工作的质和量都有所欠缺。当一天结束的时候，问自己：“我到底有多累？假如我感到劳累，这不是我过分忧虑的缘故，而是因为我做事的方法错了。”

5. 每天做一个计划

许多家庭主妇总感觉自己有做不完的家务，她们为此感到非常疲惫。对此，建议在前一天临睡前计划好第二天需要做的事情，这样或许能治愈家庭主妇的忧虑情绪。一旦她们这样去做了之后，会发现自己依然可以完成许多家务，但是却感觉不到一丝的疲惫。甚至想到自己竟然完成了这么多的家务，感觉有些骄傲，当然，剩下的时间可以好好休息或者梳妆打扮一下。

逝者如斯夫，不舍昼夜

生活中，越来越多的人不由自主地感叹：为什么随着年龄增长，我们会感觉时间过得越来越快？人在年少时期，往往会感觉

日子过得缓慢，总急切地希望自己快快长大，甚至会盯着墙壁上的钟表数着时间。但是，随着长大之后，便会感叹："逝者如斯夫，不舍昼夜。"其实，人的一生都在与时间赛跑，少年时期总感觉有大把的时间任凭自己去挥霍，工作之后面对每天的计划、开会、应酬，总会有一种声音在脑海里闪现：时间都去哪儿了。

"时间都去哪儿了，还没好好感受年轻就老了……"2014年，一首《时间都去哪儿了》风靡全国，引发了全民对于"时间"的讨论。时间是什么？这是一个亘古不变却又令人迷惑的问题。圣奥古斯丁在《忏悔录》里写道："时间是什么？如果没有人问我，我很清楚；可是当有人问我时，我便茫然了。"

26岁的小倩越来越有一种"时间不够用"的感觉，她总听那些年老的人念叨："人啊，只要过了25岁，光阴似箭，很快就到中老年了。"所以，小倩一直认为，可能就是因为年龄增长，时间才那么不经用。

不过，小倩一天是怎么过的呢？由于前一晚睡得太晚，她不得不赖床到7：45才起床，然后穿衣、洗漱，匆匆出门奔向车站。到公司之后，打开电脑，她并不着急安排一天的工作，而是浏览新闻、看看喜欢的明星动态、淘宝网，尽管偶尔老板从身边经过，但她还是乐此不疲地偷闲着。等到10点左右，她才慢腾腾地开始工作，工作不到20分钟，又开始循环往复地看网页，这样来来回回，中午下班时她的工作几乎可以说是毫无进展。

下午小倩开始进入疲惫期，工作效率下降，下班前也只能

草草收场。到家吃饭之后，她可以在沙发上躺到11点，然后磨蹭去洗漱，忙到夜里1点才睡，这时小倩总会感叹：这一天好累！

第二天又是重复的一天。

从表面上看，小倩早上7点至夜里1点，确实很累。然而，我们仔细看她一天的作息时间表，却发现并没有做什么事情，甚至连工作都没能好好完成。每天感觉到累，但时间却不够用，这就是小倩深切的感受。真的是时间不够用吗？当然不是，原因在于她不擅长管理时间。一天浑浑噩噩，时间不够用，自然觉得累。

良好的时间管理可以给我们一个规律的生活，将时间利用到最大化，在有限的时间里做完应该做的事情，然后保证充足的休息时间，这样便会使生活井井有条，自己也会每天精力充沛，生活有规律，工作有效率。

小贴士

1. 养成管理时间的思维

必须明确的是，我们是人并非机器，即便是连轴转的机器也需要休息。所以，在每天的时间安排中，并不需要把时间安排得满满的，需要留给自己思考和休息的时间，从而培养出管理时间的良好思维。

2. 把握时机，现在就去

生活中，对于做什么事情，许多人总是习惯于等待“好情绪”，也就是花费很长的时间去进入状态，在他们看来，自己需要等待一个好状态才能将事情做到最大效率。然而，状态是通过做事培养出来的，而非等出来的。所以，把握最佳时机，现在就去做。

3. 给每件事情限制时间

学会给每件事情限制时间，别被无聊的人和无关紧要的事缠住，别在不必要的地方逗留太久。例如避开上下班高峰期，避免在高峰期乘车、购物、进餐，这样可以节省很多时间。

4. 时间价值最大化

生活中，有些人会因省两元钱而排队半小时，省一元钱而步行半小时，这其实算起来很不划算。管理时间，就需要经营，秉持每时每刻保证成本和价值的观念，注重时间的机会成本，让时间产生的价值最大化。

5. 放松身心

适合自己且积极向上的休闲方式有利于身心的放松、精神的陶冶和人际的交流，这样有利于提高做事效率。而且，一些积极休闲的活动可以有效地解决问题。

6. 利用好间隙

人们总是容易忽视那些零碎的时间，尽管这些时间短，却可以充分利用起来做一些事情，例如等车时思考一下工作，运动时可以想那些急需解决的困难事情。在非常疲劳之前休息片刻，这样避免了过度疲劳导致的超时休息，还能让自己始终保持良好的状态，从而提高做事效率。

7. 让时间解决问题

有的人遇到比较有难度的事情，就会固执坚持，结果花费

太多时间，最终也没能解决。这时可以把问题记下来，潜意识里让时间去解决，别钻牛角尖，不做无谓争论，这样不仅影响情绪和人际关系，还会浪费很多时间。

思前想后无非是在耽误时间

一头饿了的毛驴站在两堆草料中间，拥有富余食物的它在犹豫，到底吃哪一堆草料呢？它先是朝着左边走走，然后又觉得应该是右边，又朝着右边走几步，然后又觉得不对，还是去左边吧。就这样，它犹豫不决地在中间走来走去，浪费了很多时间，还没有等它做出最终的决定，它已经在两堆草料之间活活饿死了。

这个故事当然有点夸张，可是，不要说人不会做这样的傻事。因为人比毛驴聪明，思考能力强，在前思后想中，更容易犹豫不决，浪费时间，失去机会。在生活中，有不少人做事思前想后，顾虑太多，结果在犹豫不决中丧失了绝佳的机会，也失去了改变人生的机会。

目标是否可以实现，关键在于及时行动。在任何一个领域里，不努力去行动的人，就不会获得成功。正所谓“说一尺不如行一寸”，任何希望、任何计划最终必然要落实到具体的行动中。

安妮从小有一个梦想：大学毕业后，先去欧洲旅游一年，然后去纽约百老汇奋斗，在那里寻找自己的小天地。现在，安

妮已经是哈佛大学艺术团的歌剧演员。

老师偶然听到了安妮的梦想，他当即说：“为什么要等到毕业之后再去呢？你可以现在就出发。”安妮思索了一会儿，说：“或许你是对的，大学生活并不会帮我争取到去百老汇工作的机会。不过，我决定一年之后再去。”老师感到疑惑：“为什么要再等一年？你现在就可以去。”安妮有点迟疑，说道：“不然，我先等这学期学业结束吧，下学期就出发去百老汇。”老师紧紧追问：“为什么要等下学期？你今天就可以启程出发去百老汇。”安妮看着老师的眼睛，相信他说的是对的，她当即表示下个月去百老汇。但是，老师似乎并不太满意，说：“为什么再等一个月？现在就可以去。”安妮听到这样的话，内心激动不已，说：“不过我需要买一些东西，可能需要一个星期的准备时间。”老师笑着说：“你所需要的东西，我想在纽约这座城市完全可以买得到，所以你可以今天就出发。”安妮激动地点点头，说：“好，那我明天就启程去百老汇。”老师当即说：“这就对了，我已经为你预订了明天的机票。”

果然，第二天安妮就出发去了百老汇。当时，百老汇的制片人正在制作一部经典剧目，需要选拔新演员，需要从许多应聘者中挑出10人左右，然后需要每个人按照剧本演绎一段主角的经典对白。安妮听闻这个消息之后，通过各种渠道从化妆师手里拿到了剧本，然后一个人躲在房间里练习。到了面试那一天，安妮即兴表演了一段剧目，由于她情感真诚、声情并茂，

当即被制片人钦点为该剧目的主角。

安妮到纽约的第一天就顺利进入了百老汇，穿上了她人生中的第一双红舞鞋，她的梦想实现了，她成为百老汇的一名演员。尽管之前的她是犹豫的，不过她依然抓住了时间——马上出发。在生活中许多追逐梦想的人，总是磨磨蹭蹭，前怕狼后怕虎，结果硬生生地耽误了时间，错失良机。

小贴士

1. 机会稍纵即逝

现代社会充斥着激烈的竞争，机会可遇不可求，且稍纵即逝。如果一个人在做决定时总是优柔寡断、犹豫不决，机会只能与你擦肩而过，自己则被远远抛在了后面。因为总是思前想后，所以浪费了时间，错失机会。

2. 及时行动，才能达到目标

只有及时行动才可以缩短自己与目标之间的距离，也只有行动才能将梦想变为现实。如果你只是心里想想，并总是考虑其他的因素，错过了及时行动的机会，那会后悔莫及。

3. 患得患失，时间就没有了

人生有三大憾事：遇良师不学；遇良友不交；遇良机不握。很多人把握不住机遇，不是因为他们没有条件、没有胆识，而是他们考虑得太多，在患得患失间，机遇的列车在你这一站停靠了几分钟，又向下一站行驶了。

下蛮力干事，只会白费力气

懂得思考，掌握方法，这是做事最关键的一点。身处于竞争激烈的社会中，同样一项工作任务，有的人可以十分轻松地完成，而有的人还没有开始就时不时出现这样或那样的问题。其中的关键，就在于前者用大脑在工作，想方法解决问题。只有在工作中主动想办法解决困难、问题的人，才能成为公司中最受欢迎的人。

在生活中，我们不可能总是一帆风顺，当遇到难题的时候，绝对不应该一味下蛮力去干，要多动些脑筋，看看自己努力的方向、做事的方法是不是正确。

每个人都要努力做到：用脑去想，用心去做。学会思考，学会发现问题、解决问题，学会认认真真地做好每一件事。聪明地做事，好机会就会来到你的身边。大部分人都专注于他们的欲望，无所作为地工作，以至于没有时间来思考少花时间和精力的方法。缺乏思考能力和做事方法的人，他们往往事倍功半，费力不讨好。

某建筑公司为一栋大楼安装电线，不过很快遭遇了难题。原来，他们需要将电线穿过砌在砖石里且拐了5个弯的一条20米长、直径3厘米的管道，这简直是不能完成的事情，怎么办呢？

一起工作的装修工非常聪明，总喜欢想一些奇妙的主意。他先到市场上买回来一公一母两只白鼠。然后，他将绑了电线的公鼠放在管子的一端，另一名工作人员把母鼠放在管子的另一端，然后轻轻地捏它，让母鼠发出叫声。在管子一端的公鼠听到母鼠的叫

声，便会沿着管子去找它，这样绑在它身上的电线便会沿着管子铺好，等到公鼠和母鼠相见的时候，两根电线也很容易就连在一起了。

人活于世，仅仅知道做什么是不够的，因为人的命运取决于做事的结果，而结果取决于做事的方法。做事持之以恒，有毅力，肯努力，这些都是优秀的品质。然而，方法比瞎忙更重要。抓不住事情的关键所在，只知道埋头干事的人，只能白费气力，最终也解决不了问题。

从前有一个人，家里十分贫穷，吃不饱穿不暖，他给国王做了多年的役工，累得疲惫不堪。国王看见他太可怜，就将一峰死骆驼赏赐给他。得到国王赏赐的东西，他非常激动，很久没有开过洋荤了，想马上品尝肉的滋味。他先是动手给骆驼剥皮，但是家里的刀子太钝，他又去找磨刀石磨刀，终于在楼上找到一块。他先是在楼上磨刀，然后下楼来剥皮。就这样反复上楼下楼，来回磨刀，来回剥皮。

他感到实在太累了，他不想再这样一次又一次地反复楼上楼下跑。他决定将骆驼拉到楼上去，这样可以在楼上磨刀，就近剥皮。但是，楼梯太窄，不管他怎么使劲，依然不能成功地将骆驼搬运上去。

看完这个故事，有人会讥笑这个役工，认为他头脑愚钝，不懂变通。然而，他不也是生活中许多人的真实写照吗？从小到大，在我们的美德中，努力与坚持都占据重要的位置。我们

无一例外地被教导过，做事情要有恒心和毅力，“只要努力，再努力，就可以达到目的”，这样的观念根深蒂固地存在于某些人的头脑里。

小贴士

1. 事情的结果取决于做事方法

人活于世，仅仅知道做什么是不够的，因为人的命运取决于做事的结果，而结果取决于做事的方法。不掌握正确的做事方法，往往也是无用功。正确的方法比执着的态度更重要。调整思维，尽可能用简便的方式达到目标，选择用简易的方式做事，这是聪明人做事的方法。

2. 边思考边做事

对于现实中的人来说，在学习和工作中，努力是好事情，但是光努力是不够的，还要多动脑、多思考，这样才能真正做出成绩。要善于观察、学习和总结，仅仅靠一味地苦干，只埋头拉车而不抬头看路，结果常常是原地踏步，明天将仍旧重复昨天和今天的故事。

3. 另辟蹊径找方法

由于“不惜代价，坚持到底”这一教条的原因，那些中途放弃的人，常常被认为“半途而废”，那些另寻出路的人，也被人称作逃兵。但事实上，另辟蹊径往往可以收到意想不到的效果。

第2章

最佳效能，有限时间创造更多价值

每天只有24小时，我们只有了解时间的价值才能更好地安排时间。在对大小事情所需时间合理分配之后，我们就可以更有效地利用时间创造无限的价值，从而享受更有质量的生活。

用最少的时间出最高的效率

生活中，我们总是有机会而不去抓住，有计划而不去行动，坐视各种机会和计划慢慢地离我们远去。行动就是力量，一万个空洞的说教远不如一个实实在在的行动。如果你真的下定决心并且立刻去做一件事，你的梦想往往会实现。

成功者的成功，要么给普通的人以莫大的动力，要么给他们以莫大的压力。成功者都是普通的人，唯一的差别在于他们比普通人多做了某些事情，于是他们成功。你之所以还仅仅是在想成功，是因为现状还没有将你逼上绝路，你还得混下去。篮球场上得分最多的人一定是投篮次数最多的人，同时也是投篮没有进球的次数最多的人。大量的行动可能包含大量的失败，但同样包含大量的成功。重要的不是有多少次失败，而是得到了多少次成功。

我们每个人或多或少都存在“拖延”这一不良习惯。拖延是一种危害人成功与发展的恶习，是可怕的精神腐蚀剂。试想一下，你如果拖延了一件事，那必定就占用了之后处理其他事情的时间，如此积累，你将拖延多少事，浪费多少机遇，造成多大的损失呢？不仅如此，拖延的习惯还会滋长人的惰性，一旦产生惰性，人便失去了前进的动力。拿破仑因为迟到了一分

钟而导致兵败滑铁卢，我们又会因为拖延失去什么呢？

“绝不拖延”就意味着高效率的工作，是在相应的时间处理相应的事。拖延是一种顽固的恶习，但绝不是不可改变的天性。一旦你摈弃了拖延的坏毛病，那你就等于成功了一半。

人生所有的理想和目标都是在付诸行动后才实现的。如果不行动就不会有任何收获。因此，当你有一个好的计划时先开始做，只有在做的过程中才能发现问题，才能根据出现的问题找到解决办法，才能把梦想最终变为现实。当你的决心燃起心灵冲动的火花时，你就要想尽一切办法去实现你的愿望，一旦你的梦想变为现实时，你的自信心会增强，又会促使你在下一次行动时更得心应手，这样就形成了良性循环。

小贴士

1. 行动慢，等于没行动

假如你具备了知识、技巧、能力、良好的态度与成功的方法，懂得比任何人都多，但你也可能不会成功。因为你还必须行动，一百个知识不如一次行动。假如你终于行动了，但还不一定会成功，因为太慢了。在现代社会，行动慢，等于没有行动。你只有快速行动，立刻去做，比你的竞争对手更早一步知道、做到，你才有成功的机会。

2. 快速执行计划

人生总是有好多的机会，但总是稍纵即逝。我们当时不把它抓住，以后就永远失掉了。有计划没有什么了不起，能飞快

地执行定下的计划才算可贵。成功人生就是持续不断地向自己发出闪电般的挑战，恒久追寻生命最为壮丽的美好未来。成功的重要秘诀，就是用最短的时间采取最大量的行动。

3. 绝不迟疑

机会来临不要犹豫，马上行动，这是你走向成功的必经之路。比尔·盖茨说："你不要认为那些取得辉煌成就的人，有什么过人之处，如果说他们与常人有什么不同之处，那就是当机会来到他们身边的时候，立即付诸行动，绝不迟疑，这就是他们的成功秘诀。"

苛求完美会浪费太多时间

一个人身上总会出现一些个体特征明显的问题，如强迫症、洁癖等，这些典型的问题会影响到这个人的一言一行。当然，比起许多其他问题，似乎我们对"完美主义"趋于好感。甚至，有些人无不得意地逢人便说："我这个人呢，唯一的缺点就是太过于完美主义。"事实上，这些人根本不了解什么是真正的完美主义。

完美主义，准确地来说应该体现在两个方面：完美主义的努力和完美主义的担忧，也可以理解为积极的完美主义和消极的完美主义。积极的完美主义，主要是严格的自律和高职业

道德；消极的完美主义，则代表过度自我批评以及满足感的缺失。从古至今，有许多成功的人士，他们大多属于积极的完美主义，追求完美，但这份对完美的渴求却没有成为他们成功路上的障碍。

积极的完美主义，对人和事都有一定的正面促进作用。通常这一类型的人，一旦订下目标，就会坚持下去，对事情永远希望做到尽善尽美，他们会更多地关注事情不好的一面，然后努力去弥补事情的不足之处，从而促成整件事情的顺利结束。当然，在做事情的过程中，他们对完美的追求不会影响到事情本身。

然而，消极的完美主义，却因太过于追求细节、追求完美而导致做事效率低下，甚至会养成拖延的习惯。这一类型的完美主义者伴随着内心的焦虑，他们通常会以为自己再好也不够好，一种对卓越的完美追求，导致他们缺失“自我关怀”。人们或许难以想象消极的完美主义的破坏性有多么严重，通过大量研究发现，完美主义者和自杀之间存在危险的相关性。因为他们不会在冲动之下做事情，总是小心行事，善于计划，一旦他们下决心结束生命，典型的性格特征会让自杀更容易成功。

消极的完美主义还容易导致抑郁症，现实生活中的诸多压力对于抑郁症的影响，会随着人们追求完美的程度提高而加剧。简单地说，就是如果一个人常常去关注事情违背其愿望发展的那一方面，情绪就会常常遭受打击，从而加剧抑郁症的发作。

很多人并没有意识到消极的完美主义的破坏力，他们更

多的是希望完美主义可以帮助自己实现成功，但真相并不是这样。因为从一开始就阻碍人们的是那些对失败的恐惧、对无法达到自己预期的恐惧，在这样的情况下，大部分人会通过不良的应对机制来面对压力，也就是尽可能地回避。例如一个成绩平平的人，他们对于自己是否考出优异的成绩没有太大的焦虑感，根源在于认为自己没办法完美地完成任何事，选择了不去尝试。而且，在做事过程中，他们往往由于小挫折，或者害怕犯错而感到焦虑，从而影响进一步完成任务。过度的完美主义情结，让他们对自己有着几乎不可能做到的高标准，以至于即使在旁人看来他们已经很成功，但是他们依然没办法感到快乐。

完美主义者身上有太多的标签，如果一个人身上出现了大部分的个性化标签，那么表示这个人追求完美主义已经开始走向消极的一面。

完美主义者常常会受到来自人际关系的压力，容易夸大他人的否定、拒绝、怀疑等，而且这样的压力完全是没有办法通过自己所达到的成就来消除的。所以，对于过度的完美主义者而言，最重要的就是接受一切不完美。

小贴士

过度的完美主义者特点：

1. 严厉的自我批判

人们做事难免会做得不好或犯错，因为有了错误才能在错误中学习和成长，不过完美主义者并不会这样想。在他们看

来，假如自己一件事做得不好，那就表示自己能力方面有些许不足。哪怕是一点点小挫折也会带给他们强烈的挫败感，如果是遭遇大的难题则会让他们产生严厉的自我批判。

2. 不习惯庆祝成功的结果

对完美主义者而言，不管自己赢得了怎样的成就，依然不习惯去庆祝成功的结果。即使别人觉得他们已经很成功了，但他们还是会看到其中的瑕疵。当人们在为他们庆祝成功时，他们总会自我检讨说“我应该会做得更好的”“还是怪我这里没考虑到，否则现在的结果应该更好”。

3. 自我价值低下

完美主义者经常感受不到自我价值，从来不会因为“我是谁”而感到骄傲。通常他们的自我价值来源于自己做了什么，完成了多少事情。不过，令人奇怪的是，如果他们成功地完成了很多事情，他们依然不觉得自己成功。

4. 对别人的要求也苛刻

完美主义者不仅仅对自己要求严格，同时也会对他人提出非常严苛的要求。正因为这样，某些不切实际的期望，以及提出的严格要求，常常会影响人际关系的和谐。

5. 心理倾向亚健康

一个过度的完美主义者，他的心理常常伴随着各种亚健康问题，如强迫性官能症、神经性进食障碍、抑郁症等。若是抑郁症加重，还会产生自杀倾向。

6. 只挑战简单的事情

完美主义者，虽然表面上看起来处处追求尽善尽美。但事实上，大部分的完美主义者对自己不擅长的领域完全没什么兴致。他们喜欢展示自己擅长的一面，或者在感兴趣的领域中发展，从而拒绝做没有把握的事情。平日里他们也会喜欢选择挑战性较低的事情来增加成功的可能性，若是挑战新的领域则让他们感到苦恼。

7. 对生活不满意

完美主义者对失败的恐惧感以及对未来的焦虑感，让他们对自己的生活往往感到不满。一个典型的完美主义者，经常看起来不是很快乐。若是现实生活中压力比较小，他们的表现往往比较可观，一旦生活压力比较大，他们则会表现出对生活的严重不满。

8. 做事喜欢拖沓

生活中，那些积极性强的人往往很努力，而且做事效率很高。但对于典型的完美主义者而言，他们非常纠结一件事情的完成，一篇稿子改了无数次依然觉得不满意，一件工作做了很多天依旧觉得不够好。由于过分追求完美，所以做事效率比较低。

9. 花费时间和精力

完美主义者往往需要花费大量的时间和精力，来掩饰自己的不完美。他们内心十分害怕受到来自别人的批判，为了避免这样的评价，他们会尽可能维持一个各方面都不错的形象。

10. 经常忧虑

完美主义者，由于对自己和他人有过高的要求，而事实上自己很多时候并不能达到高期望，而他人也会因各种情况无法达到高标准，所以他们常常感到烦躁不安。

最有效的沟通就是简洁

麦肯锡公司有过这样的经历：当时，麦肯锡公司为一个重要的大公司做咨询，就在谈话结束之后，麦肯锡公司的项目负责人走进电梯，而那家大公司的董事长也在电梯里。电梯当时停留在30楼，董事长先问："你现在可以简单说一下结果吗？"麦肯锡公司项目负责人没有做任何准备，眼看着电梯快速下降，他只有无奈。最终，麦肯锡公司失去了这个重要的客户。这就是著名的30秒电梯法则。

有了这个教训，麦肯锡公司要求员工在以后的任何场合都要注重一点，那就是在最短的时间里将语言表达清楚，沟通要直接讲主题、直接讲结果。一般而言，在日常沟通中，人们只能记住一到三个问题，多了根本记不住，所以，麦肯锡公司要求员工把任何问题都应该归结在三点以内。

子禽问自己的老师墨子："老师，一个人说多了话有没有好处？"墨子回答说："话说多了有什么好处呢？例如池塘里

的青蛙整天整天地叫，弄得口干舌燥，却从来没有人注意它。但是雄鸡，只在天亮时叫两三声，大家听到鸡啼知道天就要亮了，于是都注意它，所以话要说在有用的地方。”正所谓“言不在多，达意则灵”，那些简洁而又有力道的话语，往往更能深入人心。

很多人说话有一个明显的弊病，那就是非常啰唆，他们把一些极为简单的问题复杂化。本来可以三言两语就能说清楚的问题，他非要重复无数遍，结果越说越离谱，自己也搞不懂在说什么。其实，我们从一个人的说话方式就能看出这个人的做事风格，说话简洁而有力道的人，大多就是自信心很强、办事果敢的人；而那些废话连篇的人，则通常思维比较迟钝，做事也显得犹豫不决、优柔寡断。

例如联合国开会，每个人发言都要限时，所以大家的发言稿一般都很简练，但是一样能够赢得满堂的掌声。有的人会错误地认为，讲话时间长短与重视程度有关，所以他们在没多少实质内容的讲话上，为了体现自己的重视程度，就反复强调一个问题，造成空话、套话连篇。实际上，我们说：“有话则短，无话则不讲。”讲话短小些、精辟些，这在当今快节奏和社会信息交流频繁的时代，是非常受人欢迎的。

说话简洁使人愉快，令人喜欢，这样更容易被人接受；相反，说话冗长累赘，就会使人厌烦，也使沟通达不到预期的效果。所以，我们在日常交际中，要善于说一些简洁而又力道的

话语，这样才能直入人心，达到征服人心的目的。

小贴士

那么，如何说话才能简洁而有力道呢？

1. 复杂的话简单说

要想自己说话简洁而有力道，就需要“删繁就简”。说话要简洁，删掉那些冗长的、反复的词汇，尽量把复杂的话能够简单地说出来，这样才会简单易懂，才能直入人心，继而有效地影响他人心理。

2. 掌握较多词汇

福楼拜说：“任何事物都只有一个名词来称呼，只有一个动词标志它的动作，只有一个形容词来形容它。如果讲话者词汇贫乏，说话时即使搜肠刮肚，也绝不会有精彩的谈吐。”我们在平时的语言积累中，要尽可能地掌握更多的词汇，这样才能说出简洁而有力道的话。

3. 善于分析问题

许多人习惯于说话啰唆，就在于他缺乏一定的分析问题的能力，我们要学会透过表象把握本质，善于分析问题、善于概括，在这样基础之上形成的语言，才会更精准、更有力道，才能深入人心。

做决定要快，不然时间又没了

有一个好好小姐，完全不懂得怎么样坚持自己的立场，她的工作是父母安排的，每天生活在一个不属于自己的世界里，甚至在父母的安排下与一个不爱的人结婚。曾经，她也有机会选择自己的事业，不过她无法拒绝父母。

不管是生活还是事业，如果我们想要赢得成功，拥有决断力并将之付诸实际行动将会有更大的意义。事实上，一个人是否成功，很大程度上取决于他的决心和行动。而有的人只是嘴上说说，行动上却没办法积极起来，这些人因缺少决定的勇气，总是被懦弱的性格所控制，这就是生活中为什么存在如此多失去自我和已经失去自我的人，也就是为什么人们不懂得拒绝。

王太太这半个月来，一直在考虑是否要买一件新的衣服，她不断地给老公、闺蜜打电话寻求合适的建议，这样优柔寡断、犹犹豫豫地变换了好几十次主意，最后她到了新世纪购物广场，试穿了十多件新裙子，不是穿上显得非常滑稽，就是尺码非常小。王太太非常焦虑，她继续在商场里闲逛。没过多久，她又试穿了一件比较淑女的裙子，还有一件看上去比较活泼的裙子，但是最后她也没能决定买哪一件好。

就这样，王太太筋疲力尽地回了家，打电话问闺蜜的意见。闺蜜说淑女款式的裙子更适合自己，接着她又和老公商量，老公认为一件漂亮的裙子，最好搭配一套精美的首饰。王

太太听从了别人的建议，不过这一切都是自己所喜欢的吗？尺码小的裙子确实显得苗条，不过好像只符合闺蜜的品位。

过了一段时间，王太太把裙子退了回去，她又穿上了去年的那套裙子。王太太不但购物如此，就是平时生活中的其他小事，她也一样犹豫不决。准备稍微丰富的晚餐，她就会在牛肉与羊肉之间拿不准主意。每次出门，都有一种强迫症，会回来好几次看家门锁好没有。

很多人与王太太有差不多的性格，例如每天早上坐在办公室前面的时候，有时会为先做哪一件事而犹豫不决，今天是先见客户呢，还是先把会议需要的方案做好呢？当你觉得今天温度很高，不适合外出拜访客户的时候，却又想到会议是下周一才开始，差不多还有好几天的时间，而客户那边已经打电话在催了，不如还是去拜访客户吧。

不过，即便出了办公室，也忍不住感到一丝疲惫，心想，明天再去也不迟呢。于是，又返回办公室去做方案，最后几经周折，一件事情都没有做完，却已经到吃饭的时间了。

小贴士

1. 先考虑重点问题

犹豫并不绝对是智力上的问题，所以对于大多数尝试改变自己犹豫性格的人而言，都可以不用担心。因此，犹豫不决的人的问题在于：顾虑太多，习惯将微不足道的因素当成重要事情来考虑。面对这样的情形，应该优先考虑重点问题。

2. 对潜在机会主动出击

当机会来临的时候，需要说“是”，而不是“不”。这样就可以把握潜在的机会，主动出击。在生活中，不要为了晚饭吃羊肉还是牛肉而苦恼，为了这样的问题而犹豫不决，本来就是一种无聊的表现。吃了饭不要为是否运动而优柔寡断，马上决定下来，然后行动。

3. 不要选来选去

在吃火锅时，当服务员问你吃清汤还是麻辣锅时，你不应该说“随便”这种很不负责任的话。这样的话会让服务员感到为难，你应该马上做出选择。看电影的时候，不要选来选去还是选不定看哪部，不要花了10分钟的时间还没有做出决定，闭上眼睛马上决定。即便看的电影比较差，也总比你浪费10多分钟犹豫不决更强。

4. 快速做决定

当我们选择购买什么东西的时候，权衡一下，应该尽早做决定。小失误永远比拖泥带水好，在大多数情况下，犹豫不决没有任何好处，尽早做决定总比优柔寡断的人理解得更透彻。在公司里，那些很早且很快决定自己休假的员工，都获得了最佳的休假时间，而那些犹豫不决的人永远只能排队等候。

5. 马上行动

在平时生活中，我们可以利用一些琐事培养自己快速做决定的习惯，做完决定，马上行动，不要像以前那样没完没了地

思考。很想出去旅游吗？那就可以马上放下手中的其他事情，赶紧去。只要一件事情你积极面对了，那当第二件事情出现时，你就可以下意识选择积极的处理方法来解决。

6. 不断练习

把培养决断力当作一种游戏，反复练习，假如你一直坚持，就会发现收获很多，然后继续自信满满地这样做下去。最后，你会摆脱自己拖沓、犹豫不决的缺点，获得积极生活的态度。通常，生活中的美好事物只属于那些迅速做决定并积极行动的人，当然也包括那些尽全力争取自己和追随者所需要的人。

在大多数时候，一个人的犹豫不决往往体现在简单的事情上，越是明智的人，做决定才越可能有很多疑虑。而缺乏智慧的人，大多数不会想很多制约因素，也不会考虑什么后果。

你的任务延迟了吗

一个人的思想决定一个人的命运，拖延者缺乏向不可能完成的任务挑战的勇气，就只能画地为牢，最终将自己无限的潜能化为有限的成就而无法晋升。如果想让自己的业绩更上一层楼，想攀登更高的山峰，那就鼓起勇气去挑战那些不可能完成的任务。

为什么拖延者更容易逃避？因为自我设阻，不断推迟完成任务的时间，面对那些看起来不可能完成的任务，他们选择了放弃，而只是喜欢沉浸在自己的精神世界里，与外界社会完全脱节。不过，假如拖延者希望赢得成功，在一些不擅长的领域达到自己期望的高度，那就需要勇敢挑战那些不可能完成的任务。

小贴士

1. 向自己挑战

当拖延变成一种习惯的时候，那么喜欢逃避的人就已经诞生，因此，克服自己完美而脆弱的心理，就必须学会相信自己，不仅如此，拖延者还应该勇于挑战自我，这样才能塑造充满勇气的自信人生！

2. 面对困难迎难而上

大多数拖延者遇到困难退缩，并非无法战胜困难，而是缺乏战胜困难的勇气。他们不相信自己能够战胜困难，所以在尚未尝试时就打退堂鼓。其实，如果在遭遇困难之后选择迎难而上，那成功肯定属于他。

3. 打消畏惧的心理

看着台上滔滔不绝的演讲者，一些人总会感叹："他讲得多好啊，我肯定不行，我上台双腿就哆嗦，站也站不稳……而且我还会忘记自己应该讲的内容……如果台下有人发出质疑之声，我肯定会选择逃跑。这些都是他在尚未开始挑战而幻想出来的，是不切实际的。"我们所需要做的就是打消这些想法，勇于去做一次公开讲话的活动，这样才会让自己变得自信起来。

第3章

立即执行，行动起来才会有时间

当我们需要做一件事情的时候，总忍不住想逃避，先休息一会儿，先听几首歌，先做其他事情，等到你都把其他事情做了，时间又所剩无几，最后事情没办成，这就是人类常见的通病——拖延。

命定的目标和道路是行动

朗费罗说："我们命定的目标和道路，不是享乐，也不是受苦，而是行动。"胸有壮志宏图，但若不能付诸行动，结果只能是纸上谈兵，毫无实际意义。

拖延是一种坏习惯，它会让人在不知不觉中丧失进取心，阻碍计划的实施。一个人如果进入拖延状态就会像一台受到病毒攻击的电脑，效率极低。拖延最常见的表现就是寻找借口。虽然目标已经确立了，却磨磨蹭蹭，像只生病的羔羊，没有一点精神。不论什么时候，拖延者总能找到拖延的理由，计划当然就会一拖再拖，成功却遥遥无期。

有人说自己是一座宝藏，挖掘得越深，获得的越多。也有人说，自己是一匹奔腾的野马，重要的不是学会怎样提速，而是控制自己。

人有各种各样的优缺点，也有一种惰性，这种惰性经常导致计划落空。人在计划落空时又很容易形成新的计划，新计划其实是旧计划的翻版。结果就是，一项计划翻来覆去总没有结果。这是十分悲哀的事情。成就一番事业必须雷厉风行，要有一种魄力，说干就干，一点也不拖延。这是成就事业的一种品格。

对于一个公司来说，很有可能会因为拖延而损失惨重。

1989年3月24日，埃克森公司的一艘巨型油轮触礁，大量原油泄漏，给生态环境造成了巨大破坏。但埃克森公司却迟迟没有做出外界期待的反应，以致引发了一场“反埃克森运动”，甚至惊动了当时的布什总统。最后，埃克森公司总损失达几亿美元，形象严重受损。

那么对于一个人来说，拖延又会带来什么灾难性的后果呢？对一个渴望成功的人来说，拖延将成为制约他取得成功的桎梏。在公司没有一个老板喜欢有拖延习惯的员工，在家里没有一个妻子喜欢有拖延习惯的丈夫。

社会学家卢因曾经提出一个概念，叫“力量分析”。他描述了两种力量：阻力和动力。他说，有些人一生都踩着刹车前进，被拖延、害怕和消极的想法捆住手脚；有的人则是一直踩着油门呼啸前进，始终保持积极、合理和自信的心态。

所以，有了目标后，最重要的就是放弃任何借口，立刻将它付诸实践，并且坚持到底。我们常说，千里之行始于足下，就是要求我们行动起来，将心中的梦想通过立刻行动变成美好的现实。如果只是因为自己有一个美好的梦想就沾沾自喜，而忘记了行动的力量，那么无论天上的星星有多么漂亮，你也不能够把它捧在手中；无论对岸的风景有多么诱人，你也不能够亲眼目睹；无论海中的贝壳有多么美丽，你也不能够把它挂在你的胸前。

小贴士

那么，拖延心理是怎么产生的呢?

1. 越是逃避，越是害怕

许多恐惧是我们意想不到的，许多人明明对一些事情充满恐惧却不清楚自己到底在害怕什么，有的人声明自己并不害怕但却一直在逃避某些事情，这些就是潜在的恐惧心理。有的人越是逃避，越是害怕，为了逃避这些，只能慢慢拖延，例如害怕繁重的工作，早上就不想起床，总觉得有一种畏难情绪。

2. 作息时间不规律

通常拖延症患者的时间作息表都是混乱不堪的，例如盲目乐观地估计自己的能力，他会想在睡前加班将工作完成，事实上他根本不清楚自己是否能顺利完成工作；有的人十分恐惧时间，例如总是等到主管催了一次又一次，才会交上自己的工作任务；没有具体的规划，拖延症患者根本不知道自己完成一件事情需要多久，也没办法说出自己的具体计划，他们总是想捍卫自己的自由，甚至想逃避时间的控制。

3. 害怕最后一刻到来

拖延症患者行为与心理的矛盾表现为：一方面他们害怕时间不够用，担心没有时间；另一方面他们不到最后一刻绝不采取行动，几乎不能提前开始行动。哪怕是之前开始行动，也没办法坚持下去。对于大部分喜欢拖延的人而言，他们的心路历程就是这样。

4. 临到最后拿不定主意

有的人喜欢追求完美，当他们在做一件事情的时候，总是犹豫不决、改来改去，临到紧急关头也拿不定主意，无法做出决断。这些问题导致他们对自己应当做的行为一拖再拖。

5. 你喜欢拖沓吗

你是否有这样的表现呢？今天的事拖到明天做，6点起床拖到7点再起，上午该打的电话等到下午再打，每天要写的文章攒到最后时刻写，今天要洗的衣服拖到明天再洗，这个月该拜访的朋友拖到下个月。如果你有这些表现，那么你是一个十分拖延的人，应该立刻改掉这个坏习惯。

拖延的天敌就是行动力

行动的天敌常常是人们的拖延，而能够停止拖延的最好办法就是马上付诸行动。犹太人只占全世界人口的百分之一，但全球百分之七的财富都掌握在他们手中。这其中的一个重要原因，就是犹太人学会了做行动的主人。我们做任何事情都尽自己最大的努力，不把今天的事留给明天。做事情绝不会拖延，而是做到今天的事情今天做，时刻谨记“今日事，今日毕”。犹太人有较强的时间观念，绝不拖延时间，也不会浪费时间，总是致力于把一件事做好。

在犹太国家，只要你走进一个成功人士的办公室，你就会发现一个很大的特点：办公桌上从来不见未处理的工作。

一直以来，闻名世界的犹太人就有很强的时间观念，他们觉得浪费时间非常可耻。今天的事情一定要今天完成，明天还有明天的事情，绝对不会把今天的事情拖到明天，当然，把昨天的文件积压到今天也是非常不对的。

对犹太人而言，珍惜每一分钟的时间，然后去衡量它的价值，是十分重要的。所以他们养成了良好的工作习惯，文件从来都是当场签批。如果办公桌上堆着很多需要处理的文件，而刚好里面有一些是十分重要的文件，如果未能及时处理，将会对工作、公司造成很大的影响，这简直是没有必要的麻烦。

一位著名的犹太商人这样说："对于商人而言，办公桌的文件大部分都是有业务往来的信件、商业密函等，里面的内容都是一些很重要的商业信息，有的可能是希望有业务往来，有的可能是商品交易。每一个文件都是一条有价值的商业信息，很有可能是商人扩大业务的机会。那么多未处理的文件堆压在办公桌上，哪怕有一条需要马上回复的信息，等到第二天再处理，已经为时已晚。毕竟每个人的时间都是很珍贵的，客户迟迟没有收到这边的回复，也会选择放弃，另外选择业务伙伴。假如真的是这样，对商人而言将是莫大的损失。"

犹太人对这一点的意识非常强烈，所以，每一个犹太人对自己手中的文件都非常重视。甚至大部分的犹太人，会将这一

部分称为“第克替特时间”。

犹太人在上班时间里，专门安排了处理商务文件的时间。一般而言，在上班后的大约一小时，犹太人称为“第克替特时间”，就是处理文件的时间。他们在这段时间里，就会阅读前一天下班至今天上班之间所收到的商业文件，并逐一回信，用打字机将信打好让秘书及时发出去。

通常在第克替特时间，犹太人总是全神贯注地处理文件，追求高质量高效率地工作，他们会谢绝一切打扰。假如有人到访，势必会影响阅读文件的速度和工作效率。

在犹太人之间，通常他们会说这样一句话：“现在是第克替特时间。”这句话，在犹太人的话语里，有公认的意思，就是“谢绝会客”。

犹太人用“第克替特时间”来处理文件，这样能够做到高效率地办事。犹太人一般把“马上解决”这句话作为自己的座右铭，所以，他们特别注重办事的效率和时间。如果他们有事情，就马上致力于找到解决的办法，而不是一拖再拖，他们极其重视时间观念。所以在他们看来，拖延今天的工作，是最可耻的事情。他们力求今天的事情，今天就能够完成，而不是拖到明天。

小贴士

1. 坚持把事情做完再下班

如果认定是今天必须完成的事情，就竭尽全力地去完成

它，哪怕别人已经下班，自己也要坚持把事情做完才下班。这就使我们养成了做事严谨、珍惜时间的习惯，这也成为我们能够成功的一个重要条件。

2. 时间比金钱重要

《塔木德》中写道："金钱能够储蓄，而时间不能储蓄。金钱可以从别人那里借，而时间不能借。人生这个银行里还剩下多少时间也无从知道。因此，时间更重要。"犹太人用投资来做比喻，投入多少不能用金钱来衡量，而是用时间来计算。他们觉得，在时间和金钱这两项资产中，时间显得更为重要。

3. 今天的事情别拖到明天

只有时间才是最宝贵的，犹太人还认为一个人在认识到时间的宝贵的那一刻，他就会变得富有。时间观念极强的犹太人，无论是在生活中，还是在工作中，都极为珍惜时间。所以他们做任何事情的原则就是今天能完成的事情绝对不会拖到明天。

太多的借口和理由让你无法行动

不找任何借口，它所体现的是一种负责、敬业的工作精神，一种诚实、主动的态度，一种完美、积极的执行力。在很多时候，借口是毫无意义的。"没有任何借口"，让自己具备了不畏惧的决心、坚强的毅力以及完美的执行力。不管自己遭

遇什么样的困难，都必须学会对自己的一切行为负责。

1916年，巴顿作为美国墨西哥远征军总司令潘兴将军的副官，接受了一次艰难的任务。根据巴顿将军在自己日记中的记录发现：巴顿将军在完成任务的过程中，屡次被人劝阻：“不要往前走了，前面到处都是维利斯塔人。”当然，那些劝阻的人都是出于一番好意，这时如果巴顿将军心里正想寻找某个借口，那他完全可以停下来，不再继续前进。如果上级责问起来，他就会说:“当时我们已经走了很远，也没找到豪兹将军，而且前面到处都是维利斯塔人，实在是难以找到豪兹将军。”这听起来蛮符合情理，但仔细一推敲，却发现全部都是借口。如果有这样想法的人，他就是把“借口”当挡箭牌的人。

张三和李四是两个裁缝师傅，有一次，他们在一起工作时，张三需要将手中的针交给李四。不过，就在快要交接的时候，张三手中的针掉到了地上，当时又是昏暗的傍晚，屋里光线很暗，实在不容易找到一根针。

这个时候，他们应该怎么办呢？我们可以设想一下，起码会出现以下三种情况。

首先，张三和李四开始吵架，李四指责张三没拿稳针，张三则怪李四动作慢了才会导致针掉在地上，他们一直在争论这是谁的责任，压根忘了地上的针。

其次，张三和李四纷纷表示应该先找到针才是正事，所以接下来的几小时，他们都会在地上找针。

最后，张三和李四为了尽快找到针，分头行动，一个从这边开始找，一个从那边开始找。

那么，我们可以猜想一下，上面这三种情况哪种最有可能找到针呢？

几乎所有的人都知道第三种情况能最快找到针。如果总是埋怨对方，总是为自己找借口，事情永远也办不好。故事很简单，但是蕴涵的哲理却很深刻，如果两个人各自为自己开脱，“这与我没关系”“这不是我的责任”，那么只能让麻烦越变越大，根本就不能解决遇到的问题。找各种借口为自己开脱，只会欲盖弥彰。这样一来，就会给自己的老板留下不能按时完成任务、能力差的印象。长此以往，这种人在公司的地位就会越来越低，其他人也不愿意和这种老是找借口的人合作，他们害怕有一天，这种人会将所有的原因都推到他们身上，将自己身上的责任推得一干二净。

也有一些人在遇到问题的时候，不会想着找借口，而是尽快想解决问题的办法，将问题解决。这样的人责任心很强，他们对自己做不到的事也不会找各种各样的借口，他们会真诚地说出自己为什么没能及时将问题解决，用各种办法在最短的时间内将问题解决。这样的人是不会轻易许诺的，如果真的许下什么诺言，他们一定会想尽各种办法实现诺言。

小贴士

1. 解决问题才是最关键的

即使有什么问题没有解决，也别费尽心思地去找各种借口为自己辩白，而是将所有的情绪都放下，先解决问题，因为解决问题才是最关键的。

2. 勇于承担责任

在现实生活中，我们经常会听到这样或那样的借口。当人们做不好一件事情，或者完不成一项任务，就会找很多借口，在借口的遮挡下，他们很容易学会了抱怨、推诿、迁怒，甚至愤世嫉俗。其实，最终，他们都没发现，借口就是一个敷衍别人、原谅自己的“挡箭牌”。寻找借口，无疑是在掩盖自己的弱点，推卸自己的责任。

3. 想办法完成任何一项任务

我们应该想尽办法去完成任何一项任务，而不是为没有完成的任务寻找这样或那样的借口，即便是看似很合理的借口，那都是不允许的，需要一种不达目的不罢休的毅力。在生活中，我们要知道，做任何一件事情，只要我们努力去做，就不可能不会成功，千万不要把借口当作自己的挡箭牌，你不可能一辈子依靠“借口”而活。

用行动去接近目标

曾有人问一个做事拖拉的人："你一天的活是怎么干完的？"这个人回答说："很简单，我就把它当作昨天的活。"这就是拖沓的习惯，其实，拖沓岂止是昨天的活今天来干。有人给拖沓下的定义为：把不愉快或成为负担的事情推迟到将来做，特别是习惯性这样做。如果自己是一个做事拖沓的人，那么，生活中我们一直都在浪费时间，做一件事也需要花很多时间来思考，担心这个或担心那个，或者找借口推迟行动，最后又为没有完成目标任务而后悔，这就是拖沓者典型的特点。拖沓对于成功来说，是一个讨厌的绊脚石，拖沓的习惯会阻碍目标任务的完成。所以，要想获得成功，就需要向目标立即奋进，拒绝拖沓。

说到拖沓的习惯，相信许多人都不陌生，因为在平时生活中，随处可以见到它的身影。在该工作的时候上网冲浪，总是对自己说："明天再去做吧。"但是，正所谓"明日复明日，明日何其多"，在拖沓蔓延的过程中，我们错过了许多完成目标的机会。

完成既定目标、提高工作效率的关键于立即行动，即"吃掉那只青蛙"所阐发出来的理论：每天早上要做的第一件事情，就是对你来说最重要的那件事情，并使之成为一种习惯。这样时间久了，自然就能克服拖沓的毛病。大量的研究表明，

那些成功人士身上最显著的共性是“说做就做”。一旦他们有了明确的目标，就会立即展开行动，一心一意、持之以恒地完成这项工作，直到完成目标为止。

有人说，阿尔伯特·哈伯德拥有无比传奇的一生，他之所以能在多方面都获得成功，在于他从来不拖沓，不断地朝着自己一个又一个目标而努力奋进。阿尔伯特·哈伯德是一位坚强的个人主义者，一生坚持不懈、勤奋努力地工作，成功对于他来说是理所当然的。在《致加西亚的信》中，阿尔伯特·哈伯德讲述了罗文送信的情节：“美国总统将一封信写给加西亚的信交给了罗文，罗文接过信以后，并没有问：‘他在哪里？’而是立即出发。”拖沓、懒散的生活态度，对许多人来说已经是一种常态，要想成为罗文这样的人，我们就应该拒绝拖沓。

通常来说，一个人成就的大小取决于他做事情的习惯，克服拖沓是做事情的一个重要技巧。我们要想完成既定目标，取得成功，就应该培养做事不拖沓的习惯，通过逐渐学习“吃掉那只青蛙”，不断地重复。一旦养成了这个习惯，“完成目标，马上行动”就会成为一件自然而然的事情。

小贴士

1. 先做事情

假如你觉得自己蛮有工作能力，可以在很短的时间内将比较困难的事情做完。那就应该在接到工作任务时马上动手做，这样你完成任务之后就可以玩得更开心，而不是在玩时总想着工作的事情。

2. 给自己定期限

假如你认为时间的紧迫感可以令自己发挥高水平，那也需要给自己规定一个期限。假如你曾经有过几次临时抱佛脚的经历，却屡遭失败，那最好还是不要尝试这种方法。

3. 学学时间管理

平时你若经常被琐事烦恼，那就应该学会时间管理，最简单的方法就是要明确自己的目标，经常想想这件事不做对自己以后有什么影响。当你学会时间管理之后，往往能够及时地完成事情。

跑得慢，就要比别人更勤奋

懒惰的人总是不断为自己寻找借口，但借口往往不会帮助你，只会害了你，所寻找的借口越多，你就会变得越来越懒惰。只动脑想借口而不愿意去做事情，然后把错误归咎于别人，每次都从别人身上找原因，而不是寻找自身的原因，这样只会使自己丧失前进的机会。

懒惰是借口的来源。在生活中，人们通常会说：“这不是我的原因，是因为他没有做好”“不是我不想学习，是因为我起床晚了一些”“不是我工作不努力，是因为主管看不上

我”。这些语言是否听起来那么熟悉呢？是的，因为我们自己也经常说这样的话，寻找这样的借口来掩饰自己的懒惰。

1872年，只有24岁的犹太人哈同一个人来到上海谋生。尽管，他看起来是一个年轻能干的小伙子，但事实上他穷得连一件像样的衣服都没有。当时他没有任何积蓄，也没上过学，不懂得任何技术。但是，他渴望在上海立足，通过自己的努力挣钱。

哈同利用个子高的优势在一家洋行谋得一份看门的生计，尽管很多人会看不起这份工作。不过哈同却觉得没什么，自己也是通过工作挣钱，这是正当的工作。他希望以这份工作为起点，通过自己的不懈努力，积蓄能力，以后总会找到更好的工作。

哈同工作十分认真，尽职尽责。晚上休息的时候，他就会埋头苦读一些经济和财务的书籍，以此来提升自己。哈同忠于职守的态度，深得老板的喜欢，又善于学习东西，让老板觉得这是一个可造之才。于是，便把哈同调到业务部门当办事员。

哈同继续努力工作，每天都在为如何做好工作而思考。在这样努力之后，业绩越来越出色，慢慢被提升为业务员、大班等。这时候，他的工资已经增加了，不过，心怀大志的他并不因此而感到满足，他想拥有自己的企业。

1901年，积累了资本和能力的哈同离职，开始独立运营商行，并命名为“哈同商行”，主要以经营洋货买卖为主。当时，他敏锐地发现在上海市场可以互相对比的竞争品并不太

多，这样消费者就不能货比三家。认准这点之后，哈同努力扩大市场引进竞争品，终于获得了高额的利润，哈同商行也越做越大。

哈同能够从一名看门工做到商行的老板，正是体现了犹太人的智慧。一个看门工，可能是大多数人都瞧不起的活，有些人觉得自己相貌堂堂、年轻高大，怎么能屈于当站门雇员？可是哈同不这么认为，他认为这是他成功的一个起点。我们仔细注意哈同的工作历程，就不难发现他成功的秘诀，那就是“脚踏实地，循序渐进”。他对自己的每一份工作都做到勤勤勉勉、忠于职守，并且不急于求成，而是循序渐进地登上成功的宝座。

许多似乎立刻就要成功的人——在别人眼里，应该成为一个非凡的成功者，但事实上他们都没有做到。这是什么原因呢？就是因为他们没有为成功付出相应的代价。他们渴望抵达辉煌的顶峰，但却不愿跨过艰难的山路，他们不愿参加战斗，却又想获得胜利，他们不愿遇到阻力，却又希望一切顺利，这就是懒惰。

懒惰会让人的心灵变得灰暗，会让人对勤奋的人产生嫉妒。一个懒惰的人总会寻找借口，看到别人获得财富，他会说：“他只是比较幸运而已。”看到别人比自己更有才智，他只会说：“我的天分不如别人。”这样处处为自己寻找借口的人是难以获得成功的。

小贴士

1. 看谁跑得快

懒惰是借口的来源，如果我们不再为自己找借口，那就必须让自己变得勤奋起来。生活给我们每个人一样的平台，谁跑得快，谁就能第一个站在台上接受鲜花和掌声。假如你跑得慢，就只能在后面忍受别人的讥讽。

2. 勤快会带来自信

一个永远勤奋而且乐于主动工作的人，将会得到老板甚至每个人的赞许和器重，同时，他还为自己赢得一份重要的礼物——自信。

3. 克制懒惰

假如你跑得慢，就需要比别人更勤奋一些。懒惰是一种习惯，勤奋也是一种习惯，既然都是一种习惯，为什么不把自己变得勤奋一些呢？克制懒惰，时间长了，我们就会变得勤奋起来，而不再为自己的懒惰寻找借口，成功之手也会向我们伸过来。

方法总比借口多

李大钊曾经说过：“凡事都要脚踏实地地去做，不驰于空想，不骛于虚声，而唯以求真的态度做踏实的功夫。以此态度求学，则真理可明。以此态度做事，则功业可就。”

面对很多事情，庸者只会说“那个客户太挑剔了，我无法满足他”“我可以早到的，如果不是下雨”“我没有在规定的时间里把事情做完，是因为……”“我没学过”“我没有足够的时间”“现在是休息时间，半小时后你再来电话”“我没有那么多精力”“我没办法这么做”等。

人生不应该停留在等和靠上，成功不会像买彩票那样充满侥幸，唯一需要做的应该是制订计划并立即执行。不等不靠，现在就去做，表现出来的是一个成功人士应有的精神风貌。如果你是因为没有信心才迟迟不敢行动的话，那么最好的消除障碍的办法就是立刻去做，用行动来证明你的能力、增强你的自信。与其找借口，不如找方法。

乔在公司工作已经3年，直到现在还在原地踏步，仍然只是一个小职员。虽然他本人对此也感到十分苦恼，但是却毫无办法。乔的主管见他这个样子，真有种“朽木不可雕也”的感叹。

这次，公司业务部新拉了两个客户过来，主管想给乔一个升职的机会，就把乔喊到办公室：“这次你去吧，客户都是比较好说话的，只要你能随机应变，就一定能完成工作任务。”乔显得有点犹豫：“我……我……我怕我不行。”主管有点生气了，但还是规劝道：“你看跟你一起进公司的员工，发展好的已经晋升到总经理的位置，你还依旧这样，你也得为自己的工作尽份力量，为公司尽点责任。”看着恨铁不成钢的主管，乔硬下头皮接了下来。

等到第二天，已经准备出发，乔来到主管办公室，支支吾吾地说："主管，看来我真的不行，我怕到时候把这个客户得罪了，把业务丢了就不好办了，你还是另派一个人去吧。"主管气得说不出话来，只是一个劲地叹气。

乔是真的没有能力吗？不，他只是在不断为自己逃避责任而寻找借口，诸如"我不行""如果把客户得罪了怎么办，把业务丢了怎么办"等，这样的说辞其实就是借口。寻找借口的唯一好处，就是把属于自己的过失掩饰了，把应该自己承担的责任转嫁给社会或他人。这样的人，在公司里不会被老板信任，在社会也不会成为大家信赖和尊重的人。

然而，遗憾的是，在现实生活中，我们经常听到这样或那样的借口。上班迟到了，会说"路上堵车""早上起晚了"；业务不好，就会说"最近市场不景气，国家政策不好，公司制度不行"。对这样一些整天寻找借口的人，只要他们用心去找，借口无处不在。结果，他们把许多宝贵的时间和精力放在了怎样寻找一个合适的借口上，而浑然忘记了自己的职责所在。

吉姆在公司待了两年，与他一起进公司的人早就升职加薪了，但吉姆还在原地踏步。每当老板对吉姆说："吉姆，为什么不去争取做一些有挑战性的业务呢？你在底层锻炼的时间已经够长了。"这时吉姆总是说："我觉得自己还不具备条件。"这时老板总会摇摇头，欲言又止。

最近，吉姆的一个同事又升职了，这样仅剩吉姆一个人

在最底层。吉姆觉得不服气，他去找老板说："为什么升职加薪都轮不到我呢？"老板说："吉姆，你还在为自己找借口，当你觉得条件尚不具备的时候，为什么不自己去创造一些条件呢？如果你将寻找借口的时间和精力用于寻找一些恰当的方法，我想不用你来找我，我会主动给你升职加薪的。"

假如所有的行动就好像发射火箭一样，在发射之前所有的设备、程序等条件都必须全部到位，行动只有在发射瞬间，那这个理由确实是合适的。然而，在我们现实生活中，如果真的等到全部条件具备齐全之后才开始行动，就会丧失机会。"条件不具备"其实也是自己逃避责任的借口，以条件不具备作为借口不行动，只会延误计划、丧失机遇。如果我们觉得自己能力不足，应该寻找自己到底哪里不足，而不是找借口说"我不行"。

小贴士

1. 记住自己的职责

不管做什么事情，都要记住自己的责任，不管在什么样的工作岗位上，都要对自己的职责工作负责。千万不要用任何借口来为自己开脱或搪塞，因为完美的执行力是不需要任何借口的。

借口是一面挡箭牌，这本身就是一种不负责任的态度。时间长了，对自己绝对是有害无益。这是因为你花了太多的时间去寻找各种各样的借口，就不能努力工作，不再想方设法地争取成功。对老板吩咐下来的任务，如果你不想做，就会找一个

借口；如果你想去做，那就会找一个方法。因此，找借口不如找方法。

2. 不需要任何借口

每天，我们需要对自己说："我是一个不需要借口的人，我对自己的言行负责，我知道活着意味着什么，我的方向很明确，我知道自己正怀着一种使命感做事情。我行为正直，自己做决定并且总是尽自己最大的努力。我不抱怨自己的环境，努力克服困难，不去想过去而是继续实现自己的梦想。我有完整的自尊，我无条件地接受每一个人，因为在上帝的眼中，我们都是平等的，我不比别人差，别人也不比我好。作为一个没有任何借口的人，我对自己的才能充满信心。"

3. 尽力想办法解决问题

其实，每一个借口的背后，都隐藏着丰富的潜台词，那就是逃避困难和责任。不过，如果是智者，他就会说："我会尽力想办法的。"当许多事情已经形成定局，我们只能寻找方法，而不是寻找借口。

第 4 章

生活秩序，做事有条理省时间

要想管理好时间，就需要讲究生活的秩序感。德国人的秩序感是公认的，有句谚语叫作“秩序是生命的一半”。当一个人做事有条理，就会知道自己在做什么，也知道朝哪个方向努力。

整理环境，工作轻松省力

假如你有幸去华盛顿的国会图书馆参观，那你会发现天花板上有7个大字：天堂第一律——秩序。这句话出自诗人蒲柏。人生，当然需要秩序。假如你的办公桌经常堆满了文件，那你是否发现过，上面已经有几个星期没有阅读过的报纸。其实，假如你翻一翻那堆东西，就会有所发现，例如一家新奥尔良报纸的某位发行人，曾经让秘书帮助他收拾一下桌子，竟然翻出了两年以来一直找不到的打字机。

假如你的办公桌堆满了信件、报告、备忘录之类的东西，那杂乱的场景会令人产生混乱、紧张和焦虑的感觉。而且，如小山般的文件，会让人产生错觉：还有一大堆工作等着我去做，但是我已经没多少时间了。而且时间长了，这种情绪还会促使人患上高血压、心脏病和胃溃疡。

王先生是一家大公司的高级主管，他的两个办公室摆放了三个办公桌，上面堆满了永远做不完的工作。打开书桌的抽屉，里面全是没有完成的文件，还有一些旧报纸和杂志。由于整个办公室都是堆满的文件，让他感觉一进办公室就有一种焦虑，更别说工作了。

李医生是一位心理医生，平时最喜欢收拾办公桌，将自己

的办公桌收拾得干干净净。他办公桌的抽屉里除了办公用品以外，基本上全部是空的。在办公室，从来没有未完成的文件，因为差不多全部完成了。即便是没来得及回复的邮件，李医生也会将回信口述给秘书。他的工作原则是没回复的信绝不放在办公桌上。

有一次，王先生因工作焦虑问题走进了李医生的办公室，不过，当王先生想要讲述自己病情的时候，李医生的电话响了。这是一个来自医院的电话，李医生没有拖延马上就做了决定，他总是喜欢当场解决问题。结果李医生刚挂完电话，电话又响了。李医生不得不拿起电话，这次又是需要立即解决的紧急情况。终于解决完了，李医生开始与王先生打招呼，结果，他们的谈话第三次被打断，原来是李医生的同事进来请教一个病危病人的情况。当李医生处理完事情的时候，回头向王先生表示抱歉，结果李医生惊奇地发现王先生的表情舒展开了，好像变得开心了。

王先生当即表示："不用感到不好意思，李医生，在我进来的10分钟里，我已经搞清了自己究竟是哪里出现了问题。或许，我需要学习你的工作习惯，然后就可以减轻工作上的焦虑，不过我现在可以参观一下你的办公室吗？"李医生当即回答："当然可以，你请便。"

告别李医生之后，王先生重新整理了办公室，收拾了旧报纸和杂志，只剩下一张办公桌。每当有工作来了就马上处理，

再也没有堆积那么多令自己紧张和忧虑的文件。最令人意外的是，王先生发现自己已经痊愈，他的身体已经完全康复。

约翰·斯托克是宾夕法尼亚州立大学医学院的教授，他曾经在全美医学会上宣读过一篇论文，题目叫作《神经官能症——感官疾病并发症》。在这篇文章中，斯托克在“病人心理状况研究”这一题目下列出11种情况，第一种就是“绝对必须与义务的感觉，好像必须做的事情永远做不完”。其实，当你办公桌上堆满了无数的文件之后，你就会有一种做不完又必须做的感觉。

西北铁路公司总裁威廉斯曾说：“桌子上收拾得整齐干净的人，会远比堆满各种文件的人更轻松有效地工作，这是拥有效率的首要步骤。”当你的办公桌收拾得干干净净的时候，你会发现自己的工作更容易处理，当然也更有头绪。

小贴士

1. 清理与工作无关的东西

将办公桌所有与正在做的工作无关的东西清理出来，放在抽屉里或档案袋里，然后把正在做的工作资料放在桌子中间，以便提醒自己专注做一件事。

2. 统一收纳小东西

办公桌上总会有笔、剪刀、胶布等一些小文具，这些小文具不管摆得多整体，每次拿来用之后，桌面就会凌乱起来，所以把那些小文具收进抽屉，或统一收纳，既保持整齐，又方便

拿取。

3. 合理利用便利贴

各种小纸片是办公桌的噩梦，许多便利贴，一不小心就有可能将需要做的事情忘了。经常清理检查便利贴，将已做好的便利贴扔进垃圾桶，把重点需要做的放在醒目位置，别让凌乱有可乘之机，同时提醒自己别忘事。

4. 集中处理，分类收纳

在公司里，各种文件、方案总是少不了的，这个时候就需要一个文件盒来收纳重要的文件。文件盒能够帮你把各种体积较大的文件分门别类、归纳整齐，找的时候会让你省心很多。

不做任何多余的事情

如果你有两个原理，它们都能解释观测到的事实，那么你应该使用简单的那个，直到发现更多的证据。对于现象最简单的解释往往比复杂的解释更正确；如果你有两个类似的解决方案，选择最简单、需要最少假设的解决方案最有可能是正确的。当然，奥卡姆剃刀的定律告诉我们，应该把一些烦琐累赘一刀砍掉，让事情保持简单。

在工作中，我们常常发现，简约的行事风格更能彰显自我力量，对于我们所办的事情有很好的促进作用。有的人做事拖

沓，明明是一小时能完成的任务，他却硬是花了整整一天，如此拖沓而繁重的行事风格，让人对他的工作能力产生质疑，进而对他之前所做出的良好评价也会大打折扣。

在小说《安娜·卡列尼娜》中，有这样一句话："安娜·卡列尼娜以一袭简洁的黑长裙在华贵的晚宴上亮相，惊艳无比，令周遭的妖娆粉黛颜色尽失。"有时候，繁重的装扮远不及简洁的魅力，这所体现的就是奥卡姆剃刀定律。这个定律是14世纪英格兰圣方济各会修士威廉提出来的，他说："如无必要，勿增实体。"其含义就是：只承认一个个确实存在的东西，凡干扰这一具体存在的空洞的普遍性概念都是无用的累赘和废话，应当一律取消。这个看似有点偏激独断的思维方式，被人们称为奥卡姆剃刀定律。该定律的出发点是：大自然不做任何多余的事。

在办公室里，小王的办事风格是出了名的，上司曾在公司大会上当众夸张："小王，你那简约的行事风格是我们公司所需要的。"对于同样一件事情，他总能够卸去繁重的部分，而找到最简洁的方法。对此，同事常常感到奇怪："你是怎么做到的？"小王举了这样一个例子："下班后，我经常去钓鱼，每次都增加一些小东西，如剪刀啦、装鱼料的小胶瓶啦、新购置的鱼网袋啊、小折叠凳啊，前不久，我还想买个钓鱼箱。可是，钓鱼的装备越来越多，也越来越重，从最开始的一个背袋，增加到一个背袋和一个手提袋。等我到了钓鱼的地方，发

现我已经承受不住了。于是，我开始减少自己所带的东西，最后，只剩下每次都能用得上的一个背袋渔具，如此，我也轻松多了，每次钓鱼都能够乘兴而归。”说完，小王又补充了一句：“这让我明白，复杂的事情往往可以用最简单的途径解决。”

“如无必要，勿增实体”所告诉我们的是：许多事情就如同一棵大树，要把握主干，应该将无用的枝叶都砍掉。把事物变复杂很简单，把事情变简单却很复杂。我们在处理事情的时候，需要把握事情的主要实质，把握主流，解决最根本的问题，特别是要顺应自然，不要把事情人为地复杂化，只有这样，才能将事情处理好。

奥卡姆剃刀定律刚被提出之时，人们把它当作异端邪说，但现在，它越来越多地应用到企业管理中、实际生活中。美国最大的证券网站Etrade.com曾成功地运用了奥卡姆剃刀定律，它推出了一次惊世骇俗的品牌推广活动：“踢开你的经纪人。”简洁的语言，一下子便引起了人们的共鸣。而美国另一家公司推出了这样一个广告：身穿白色制服的“服务小队”成员像圣诞老人一样从壁炉中钻出，从天而降，为顾客及时递送日常用品。如此的广告不仅承诺很到位，而且，很好地突出了时间的主题，剃掉了一切无用的废话，自然在市场收到空前的效果。

所以，为了更好、更快地办成自己想办的事情，我们应该抛却一切繁重而累赘的程序，以最简洁的方法解决问题。在这个过程中，不仅有助于我们早日办成事，而且，还会给身边的人留下很好的印象。

小贴士

那么，在日常工作中，我们如何才能保持简约的行事风格呢?

1. 前一天做好准备工作

在新的一天开始之前，我们应尽可能地把第二天所需要的东西在前一天晚上准备好。在准备的过程中，我们可以适当将那些烦琐的程序省略掉，而致力于寻找出最简洁的方法。这样一来，第二天则能很好地完成工作任务。

2. 学会拒绝

许多人总是抱怨："为什么我一天总是干不了几件事情？"有时候，之所以会这样，是因为我们不善于拒绝，每每身边的人要求我们去做一些事情，而这些事情又是无关紧要的，我们也会应承下来。但是，这样一来，无形之中为我们自己增加了不少麻烦，所以，在生活中，要学会拒绝，尤其是那些无关紧要的事情，这样，我们才有精力将事情做得更简洁一些。

把简单的过程量化

蚂蚁做事非常讲流程，而且它们对流程的认识直接指向于工作效率。举个例子，当一只蚂蚁发现食物之后，假如有两只蚂蚁，它们会分别走两条路线回到巢穴，边走边释放出一种

只有它们自己才能识别的信号，先回到巢穴者会释放更重的气味，这样同伴就会走最近的路线去搬运食物。而且它们做事有分工，且是有弹性的。一只蚂蚁搬食物往回走时，遇到下一只蚂蚁，会把食物交给它，自己再回头；如果遇到上游的蚂蚁，会将食物接过来，再交给下一只蚂蚁。蚂蚁在哪个位置换手不一定，唯一固定的是起始点和目的地。

蚂蚁的世界一直是人类学与社会学者所关注的，其组织体系和快速灵活的运转能力一直是人类学习的榜样。其实，蚂蚁有严格的组织分工和由此形成的组织框架，不过它们的组织框架在具体的工作情景中有很大的弹性，例如它们在工作场合的自组织能力特别强，不需要任何领导人的监督就可以形成一个很好的团队，然后有条不紊地完成工作任务。

在团队工作的情景中保持较高的工作效率，最关键的是要解决工作链上的脱节和延迟，不同岗位之间的替补与支持正是解决这一问题的有效方式。从工效学角度来看，人类的工作过程都可能存在多余缓解，提高工作效率的一个重要途径就是如何发现和减掉那些多余环节。

现在，许多企业不断壮大，分公司、办事处、机构遍布全国各地，从董事长到总经理，再到业务项目模块，最后到一线员工，每个环节的管理基本上都有计划、执行、检查以及反馈。这些环节层层相连就形成了企业自己的流程审批链。但是，传统的流程审批链比较烦琐复杂。

一个公司的做事流程总是繁复而琐碎的，例如总部领导是公司业务项目的总指挥者，他命令公司办事处经理需要在特定时间内完成工作。办事处经理接到任务之后，便交给部门经理，部门经理又交给业务团队成员，一直将任务传达至最底层。

业务团队在全国各地跑业务，完成以后以Word文档、PPT等形式向部门经理汇报工作情况，部门经理通过电话、短信、微信等方式进行回复、修正，最后向办事处经理汇报，办事处经理又向总部领导汇报。

之后，总部领导发现问题，又得向下级逐一指出。整个工作流程就这样重复往返。

从这里不难看出，决策层是大脑，执行层是手足，假如手足与大脑的沟通出现中断，时间线就会被拉得很长，在时间就是金钱的现代社会，这种方式不仅降低企业的工作效率，而且影响企业的发展。

做事的流程必须是为了实现某个目的，应更简便、更低成本、更快捷，假如因为流程反而使做事遇到阻碍，就有必要分析这个流程是否有存在的价值或者是否需要进一步调整。

小贴士

1. 简化会议记录

每个公司都是大会、小会不断，好像公司就是为了会议而产生的。会议记录就成了不可或缺的，其实有很多的记录内容

都是无用的，而领导再三强调的事项，就可以简化到记录人、时、事、地。

2. 别总转接电话

假如你的工作总是在等待转接电话，不管是对于自己还是转接的人，都是一种精力和时间的消耗。所以，尽可能知道对方的分机号码。

3. 使用小黑板

使用小黑板，虽然现在电子邮件、电子文档很普及，但是这些东西也往往被忽视。所以，一些信息你可以写在黑板上，例如，“明天下午2点30分开会，请各位准时参加”。

一次性到位很省事

如果一次性把事情做到位，那在后面的工作中就可以省去许多不必要的麻烦，这样工作也将更加有效率。许多工作多年的人都有这样的经历：常常为了早点结束工作，迅速地将事情做完，并没有过多地考虑细节问题，最后不得不重新再做一遍。

一次性不做好事情不但会给自己带来麻烦，还会给别人带来麻烦，甚至有可能给领导带来麻烦。对于公司安排的工作，如果你没去做，那领导就会去做；如果你一次性没有做好，那领导就会帮你收拾烂摊子。当工作没做到位，就要花时间去补充、修正，这样一来，不但浪费自己的时间，还会占用别人的工作时间，所以最好尽力把工作一次性做到位。

生活中，人们在各行各业里谋生，每个人都有自己的工作职责及标准，如军人的职责是保家卫国、老师的职责是教书育人，因为每个人所处的具体位置不一样，所以他们的工作职责也有所差异。但事实上，即便处于不同的工作职位，领导对其希望无一例外都是——一次性把事情做好。

张军和李东是好朋友，他们同时应聘到一家大卖场，拿着差不多的薪水。一年以后，张军升职加薪，李东却依然是一个小业务员，李东觉得很奇怪，为什么张军如此深得老板的信任呢？原来，这源于老板的一次现场考试。

老板先是吩咐李东："你现在去农贸市场看一下，看看今天早上有卖白菜的吗？"李东兴冲冲地去了，一会儿回来告诉老板："有两个农民拉了一车白菜在卖。"老板问："那大概有多少斤呢？"李东一拍头，说："哎呀，忘记问了，我再去问一下。"然后又风风火火地跑去了，回来告诉老板："有100斤白菜。"老板问："那价格呢，你问了吗？"满头大汗的李东很委屈："你并没有吩咐我询问价格。"老板让李东先去忙了，又叫了张军过来。

老板吩咐张军："你去附近的农贸市场看一下，今天有人卖白菜没？"过了一阵子，张军从农贸市场回来了，他向老

板汇报说：“今天农贸市场有两个农民在卖白菜，一共有100斤，价格是8毛一斤，我顺便看了一下，白菜很新鲜，是才从地里摘回来的，价格也比较合适，我还带了一个回来给您看看。”张军边说着边拿出一颗新鲜的白菜，然后说：“我想这么新鲜的白菜应该不错，而且根据以往卖场的销量，这100斤白菜可以在三天之内就销售完。如果我们全部买下，肯定还有不少优惠。所以，我把那两个农民也带来了，他们正在外面等着我回话呢。”

就这样，张军因为懂得一次性把事情做好，所以成为老板提拔的对象。

一次性把事情做好，不仅仅在于按照领导的吩咐去做事，还在于积极主动地寻求做事的诀窍。如果领导只吩咐你询问价格，而你就真的只做这件事，而不顺带将其他情况一并问清楚，等到领导追问事情的进展，你只会哑口无言。

许多人认为，没有必要把身边每一件事都做得完美，人生在世总会遇到很多事情，谁能保证每一件事都能做好呢？但是，如果做一件事，那就一次把它做好。

当决定一次性将事情做好，思想有了共识，前进就有了动力和方向。假如总是能够把该做的事做好，那每件事就有成功的希望。努力把手头的每件事“一次性做好”，因为在很多情况下，假如第一次没有做好，那可能就没有第二次机会了。

一些人做事总是差不多就行了，而且他们还看不惯认真工作的同事。当同事正在努力思考解决方法的时候，他却泼冷水："差不多就行了，何必那么认真呢？"其实，人生最怕认真二字，只要认真了，事情往往就成了。

小贴士

1. 有责任心

李冰父子率众修建水利工程都江堰，世世代代泽被川西。当时并没有很好的技术，但他们"居之无倦，行之以忠"，以竹笼装石、鱼嘴分流、宝瓶引水做好水利工程，至今仍然坚固。这就是因为责任心。

2. 用心专一

爱迪生15个月内不做别的事，一心一意发明电灯，前后试验了1600多种材料，尝试了几百种设计方法，终于点亮真正有广泛应用价值的白炽灯。尽管爱迪生这"一次"的发明时间长了些，挫折多了些，但他还是把事情做好了。只要用心专一，再困难的事情都能做好。

3. 必须有能力

"工欲善其事，必先利其器"，没有能力，再有责任心，再用心专一，至多是把事情做完，而不会把事情做好。

4. 良好的做事习惯

拥有良好素养的人，做事往往会马到成功，而做事的素养首先建立在拥有良好的做事习惯上。要想一次就把事情做好，

离不开严谨的做事习惯，如果这种习惯能够变成一种自然的素养，则更好。

优化时间观念，提升做事效率

时间观念的改变，会使一个人的生活更丰富、更充实，在管理时间、利用时间的过程中，你的做事效率必定也会有一个很大的提升。时间对于每个人来说，都是无法挽留的，它就像东逝之水，一去不复返。当一天结束时，时间不会留作明天待用。一个有所作为的人，必须学会有效地安排时间，有效地利用时间，更为重要的是优化自己的时间观念，提升自己的做事效率。

高效率意味着高投入，没有投入就没有产出，低投入只能带来低产出。对大脑的投资是一种决定命运的投资，只能以最大最优先的投入对待。对大脑的投资也是一种产生最大效率和最大收益的投资，永远不会亏本。明白了这个道理，你才能拥有正确的时间观念，才会有获得财富和社会地位的能力，才能获得比别人更高的效率，才能跑在赛道的最前面。

生活中，时间是如何被花掉的呢？例如一位老年人花了一整天的时间，只是给侄女寄一张明信片：她需要花一小时找到明信片，然后再花一小时找眼镜，然后花半小时查地址，花

一个半小时写明信片，花二十分钟考虑去寄信要不要带伞。或许，一般人只需要花三分钟做完的事情，一个老年人需要花一整天，而且在整个过程中很疲惫，又犹豫不决。

诺斯古德·帕金森是英国著名的历史学家，他在分析“大型组织大而无当，毫无生气”时，指出：“事情增加是为了添满完成工作所剩的多余时间。”这个定律告诉我们，工作效率低，是因为我们给这个工作太多的时间。

帕金森得出结论：“做一份工作所需要的资源，与工作本身并没有太大的关系，一件事情膨胀出来的重要性和复杂性，与完成这件事花的时间成正比。”换句话说，给自己很多时间做一件事，不一定能提高工作的效率。时间多反而越容易使人懒散，缺乏动力，效率低。一个学生平均成绩一直较低，家长只好让他修学分最低的功课。儿童心理学家却建议这个学生多修一些课。结果出乎大家意料，这个学生多修课后，所有功课成绩不降反升。事实上，这个学生要做的就是打起精神，提高学习效率。

我们常说，观念决定思路，思路决定出路。对待一件事情、一堆事情、一天的事情，甚至是更为长远的规划，要像帕金森那样对利用时间、提高效率有清晰的认识，这样你投资大脑的工作就取得了卓越的成效，你将取得可喜的转变。

成功的优势是：知识和能力上很小的一点差距就能够带来迥然不同的结果。在其中，对于时间观念的正确认识，对于

做事效率的掌控是人与人之间能力和知识差别的重点。投资大脑，为未来准备知识，知识和经验能使你在新的形势中迅速找出规律，你找出的规律越多，你的效率也会提升得越快，你在各种情况下做出抉择、采取行动的速度就越快，你的时间也就节省得越多，这会使你迅速走入成功者的行列。

萧伯纳说："世界上只有两种物质：高效率和低效率；世界上只有两种人：高效率的人和低效率的人。"如果你不想做一个低效率的人，你就需要获得比别人更多的知识、方法和思维。只有当你找到了世界上最有效率的方法时，你才能赢得世界的尊重和梦寐以求的财富。

小贴士

1. 改变不良习惯

一些成功的企业家告诫年轻人，有什么样的思想观念，就有什么样的工作效果。不断地更新观念，不断分析自己、认识自己、提高自己，才能改变不执行和浪费时间的不良习惯，自动自发地做好本职工作，提高工作效率。

2. 找到提高效率的方法

在这个世界上，做同一种工作的人不计其数，做同一种工作的方法更是数不胜数，其中不乏效率高的方法。这就需要自己去寻找、去借鉴。在这个追求高效率的社会里，抓不住效率的绳索，就会被高效率的机器甩出十万八千里。没有效率意味着死亡。不投资大脑也就意味着没有效率。

3. 具备执行力

提高做事效率，其中重要的一项是提高执行力。要提高执行力就要做到加强学习，更新观念。日常工作中，我们在执行某项任务时，总会遇到一些问题。而对待问题有两种选择：一种是不怕问题，想方设法解决问题，千方百计消灭问题，结果是圆满完成任务；一种是面对问题，一筹莫展，不思进取，结果是问题依然存在，任务也不会完成。反思对待问题的两种选择和两种结果，我们会不由自主地问，同是一项工作，为什么有的人能够做得很好，有的人却做不到呢？关键是思想观念认识和对待时间的态度。

第 5 章
合理安排，顺应时间节奏做事情

每个人都知道应该珍惜时间，却总是忍不住浪费时间。时间就像握在手里的沙，握得越紧越容易流逝。如果我们不知道如何合理安排时间，就容易把时间浪费在琐事上。所以，时间管理的重点而在于合理安排。

交替做事，让大脑有足够的休息时间

其实，人都有喜新厌旧的心理，这符合人的发展规律。例如，当你总是做同一件事，不管是作为物质上的身体还是作为精神上的心理都会产生厌倦和抵触心理。当然，顺应这个规律的正确方法就是不断地弃旧迎新。不过，新和旧的转换是互相取代的，新转化为旧，旧又变成新。例如，在工作的时候，假如时间超过了一个半小时，那就没有办法集中精力做一件事，或只做某个方案。换而言之，在你桌上肯定放着四五种工作，假如工作时间为一个半小时，那就安排三到四件事，每件事情最多不超过30分钟，通常情况下20分钟左右。

詹姆斯·莫法特翻译了《圣经》，他有一套自己的休息方式。走进莫法特的书房，里面有三张桌子，第一张桌子摆着正在翻译的《圣经》译稿；第二张桌子摆的是一篇论文的原稿；第三张桌子摆的是一篇侦探小说。莫法特平时的休息方式，就是翻译一下《圣经》，写一下论文，创作一下侦探小说。分段式休息，也可以很好地工作。这种分段时间管理的方法是莫法特的休息法，即先区别各种工作时间的性质，纳入“连续—分段—连续—分段”组合公式进行处理，这样就能够充分利用间隔或空当的时段，创造出更多可利用的时间。

这种方法类似于“间作套种”，这是农业上常用的一种科学种田的方法。人们在实践中发现，连续几季都种相同的作物，土壤的肥力就会下降很多，因为同一种作物吸收的是同一类养分，长此以往，土壤的养分就会枯竭。人的脑力和体力也是这样，如果长时间持续同一项工作，就会产生疲劳，活动能力下降。如果这时改变工作内容，就会产生新的优势兴奋灶，而原来的兴奋灶则得到抑制，这样人的脑力和体力就可以得到有效的调剂与放松。

生活中，大部分人都有这样的体验：繁重的、紧张的工作不一定让我们精神上或体力上感到疲惫，恰恰是那些单调无味的工作让我们产生厌烦情绪，从而感到浑身疲惫不堪。这时假如我们着手做另外一件事情，精神和力气马上就恢复了。所以，为了防止自己在做事中出现疲惫或减慢做事速度，可以改变做事的方式，变换做事地点，或者几件事交叉同时进行，让自己的大脑处于新鲜信息刺激下，这样就可以持续高效地做事。

小贴士

1. 做一件事的时间不宜过长

我们要科学地安排时间，做一件事的时间不宜过长。例如，有的人习惯一天就做一件事，往往到了下午，就没有耐心再学下去。这样的情况，我们可以参考学校所列出的课程表，一上午几乎没有重复的课程，这样让我们在每一节课都能保持注意力。所以，在周末或者假期为自己制订计划的时候，也要合理安排时间，在做事的同时穿插一些音乐欣赏或者绘画之类的小事，既可以让大脑得到短暂的休息，还可以减少做事的枯燥程度。

2. 各件事交替进行

为了让自己保持一定的注意力，可以利用每件事的差别性来交替进行，这样可以有效地锻炼自己的思维方式，也能呈现出明显的效果。例如，可以在上午做策划，余下的时间还可以听听音乐；下午的时候编辑稿子，余下的时间里可以画画。上午和下午这两件全然不同思维的事情，会使我们有一定的新鲜感。

3. 不要与难事纠缠

做事最重要的是效率，交替进行就是为了提高效率。在做事过程中，一定要调动全部脑细胞，全身心投入其中。在20分钟至30分钟内一定要解决问题，如果在这段时间内还没有思路，那么就马上停止，因为你已经走到山穷水尽的境地，不要继续纠缠下去了，否则不仅没有结果，还会浪费时间。等待一个循环或休息之后，当你再回来重新做这件事，就会茅塞顿开，从而顺利解决问题。

4. 劳逸结合

连轴转、开夜车、加班加点，都是不科学的方法。人的身体和大脑是一部机器，经过一定时间的运转，就会产生疲劳和消沉。假如还继续使用就可能会造成伤害，所以一定要给它一个缓冲、调整、补充和新陈代谢的时间。休息一下、放松一下，不是浪费时间，而是为了更好地利用时间、提高效率。

不知道先做什么，不如好好部署

生活中，我们还会遇到这样一些问题：当你正在写计划，电话响了，都是些急事、请示的、投诉的、朋友聊天等不得不接的电话，于是一上午过去了，还没有写几个字；领导最近安排了很多事情，一起堆着，这个方案本周之内完成，那个方案需要明天就出来，自己分身乏术。每天都感觉好忙，这件事也急，那件事也急，到底先做哪件事呢？

最近很流行一句话，为什么生活了几十年，还是一无所获。你是否同时在进行几个方案，不过似乎无法全部完成？你是否因为顾虑其他的事情，而无法集中精力来做眼前的事？假如工作被突然中断，你是否感到非常生气？你是否每天回家时感到疲惫不堪，但好像并没有做什么事情？你是否觉得总没有时间运动或休息，甚至只是随便玩玩都没有时间？如果针对这些问题，你的答案是肯定的，那么你已经养成时间管理不良的坏习惯。

时间“四象限”法是美国管理学家科维提出的一个时间管理的理论，把工作按照重要和紧急两个不同的程度进行划分，基本上可以分为四个“象限”：既紧急又重要（如客户投诉、即将到期的任务、财务危机等）、重要但不紧急（如建立人际关系、人员培训、制定防范措施等）、紧急但不重要（如电话铃声、不速之客、部门会议等)、既不紧急也不重要(如上网、闲

谈、邮件、写博客等）。

那么按处理顺序划分：先是既紧急又重要的，其次是重要但不紧急的，接着是紧急但不重要的，最后才是既不紧急也不重要的。“四象限”法的关键在于第二和第三类的顺序问题，必须非常小心区分。另外，也要注意划分好第一和第三类事，都是紧急的，分别就在于前者能带来价值，实现某种重要目标，而后者不能。

张老师正在上一堂别有趣味的课，他先是把一个玻璃罐子放在桌子上，然后再把一些鹅卵石放进玻璃罐子。等到张老师把所有的鹅卵石放进罐子之后，他问台下的学生：“你们仔细观察，这个罐子还能装东西吗?”学生们看了看装得满满的罐子，都摇头：“不能了。”

这时张老师笑着从桌子底下拿出一袋小石子，沿着玻璃罐倒下去，全部倒完了，罐子看上去也满了，张老师问学生：“你们觉得这个罐子还能装进去东西吗？”学生们有些不敢确认，一位学生小声回答：“我觉得还能装进去一些东西。”张老师没说话，又拿出一袋沙子倒进玻璃罐，然后问：“现在呢，还能装东西吗？”这时学生们似乎相信了，齐声回答：“还能。”果然，张老师又拿出一瓶水，慢慢倒进玻璃罐子。

一个普通的玻璃罐就这样装下了如此多的东西，但是，如果不是先把最大的鹅卵石放进罐子，或许以后永远没机会把它们再放进去。生活中的很多事情，其实都可以像往这个玻璃罐

里放东西那样，先进行时间级别的分类，按照事情的轻重缓急进行组合，确定先后顺序，做到不遗不漏。

时间管理其实就是管理自己、改变自己，改变那些固有的坏习惯，改变坏习惯的本质就是靠合理的规划和自我的意志力，不按照以前的生活继续下去。生活中的事情，都可以按照轻重缓急进行分类，再做出合理分配。

小贴士

1. 重要又紧急的事

这一部分事情是需要马上去做的，如应付难缠的客户、准时完成工作、住院开刀等，大部分人工作中的主要压力来自第一象限，实际上第一象限80%的事务来自第二象限（重要但不紧急）没有处理好的事情。即这个压力是自己给自己的，所以关键是尽量多解决来自第二象限的事情才会使压力得到缓解。许多重要的事情经过拖延或事前准备不足，就会变成异常紧迫。

2. 重要但不紧急的事

这主要与生活品质有关，包括长期的规划、问题的发掘与预防、参加培训、向上级提出问题处理的建议等事项。这些事情不能因为不紧急就不去解决它，应该第一时间将任务进行分解，然后逐一去解决，并制定时间表，在规定的时间内完成就不会让第二象限的事情挤压到第一象限中去。如果忽略这部分事情，就会使自己陷入更大的压力，多投入一些时间会提高实践能力，缩小第一象限的范围。做好事前的规划、准备与预防

措施，很多急迫的事情就没法产生。建议我们把80%的精力投入到这个象限内的工作，使第一象限的“急”事变少，不再瞎忙。

3. 紧急但不重要的事

例如电话、会议、突然来客都属于这一类。当自己感到疲惫的时候，可以通过一些紧急但不重要的事情来调整状态和身体，不过不要在这个象限中投入过多的精力，否则就是浪费生命。当我们变得非常繁忙的时候，需要去第四象限里休息一下，不过诸如阅读无聊小说、看毫无内容的电视节目、办公室聊天等，这样的休息是对身心的毁损，并非真正的休息。或许刚开始有滋有味，但后来你会发现人比较空虚。

4. 既不紧急也不重要的事

这部分的事情，是我们忙碌且盲目的源头，最好的办法是放权交给其他人去做，或者通过委婉的拒绝以减少此类事情的发生。表面上看似乎会产生“这件事很重要”的错觉，实际上就算重要也是对别人而言。如果花很多时间在这里打转，自以为在第一象限，实际上不过是在满足别人的期望与标准。

忙到点子上，不做无用功

全美市务公司的创办人亨瑞·杜哈提说：“不管我出多少钱的薪水，都不可能找到一个具有两种能力的人，这两种能力

是，第一，能思想；第二，能按事情的重要次序来做事。根据这么多年的经验，我意识到永远按照事物的重要性做事并非那么容易。但是，假如制订好计划，先做计划上的第一件事，那绝对比你随便做事情要有效果得多。”

时间观念的改变，会使一个人的生活更丰富、更充实，在管理时间、利用时间的过程中，你的做事效率必定也会有一个很大的提升。时间对于每一个人来说，都是无法挽留的，它就像东逝之水，一去不复返。

美国钢铁公司前董事豪厄尔认为，工作时最令人头疼的事情就是开会，好像每一次开会都需要商讨大半天，有时候甚至是一天。尽管每次开会都会商讨一些事情，但是开了一天会下来依然没能达成决议。最后，大家都很疲惫，却不得不将会议上的资料带回家继续研究。

豪厄尔觉得这种无效的会议是不妥当的，既浪费时间，又浪费精力。后来，他想到了一个绝妙的主意，那就是每次开会只讨论一件事，之后得出结论，不拖沓，不浪费时间。当然，开一次会议需要准备很多资料，但是一定要达成决议。公司董事会听从了这个方法，并按照这个方式开会，结果大大提升开会的效率，带来的改变也是非常有效的。

在后来的会议上，曾经的那些悬而未决的问题全部有了结果，再也没有未完成的工作。开会结束后，董事们可以轻轻松松回家，再也不会带资料回家，心情轻松了，工作效率也有所提升。

确实，这真是一个绝妙的方法，不但适用于美国钢铁公司的董事会，也同样适用于生活中为工作烦恼的我们。

萧伯纳也曾经拟订了计划，每天写作至少5页，即便是在最贫穷的那段日子，他依然坚持完成每天5页的工作量，就这样他写了9年，尽管9年里，他只赚到了30美元，大约每天赚了1美分。不过他却成为举世闻名的戏剧家，假如他不是按照事情的重要程度来安排做事的先后顺序，那他估计只会成为银行出纳而非戏剧家。

小贴士

1. 把工作分类

工作大致可以分两类：一种是不需要思考，直接按照熟悉的流程做下去；一种是必须集中精力，一气呵成。对于这两类工作，所采用的方式也是不同的。对于前者，你可以按照计划在任何情况下有序地进行；而对于后者，必须谨慎地安排时间，在集中而不被干扰的情况下进行。

2. 定时完成日常工作

每天都需要做一些日常工作，例如打扫卫生，保持一个良好的工作环境；查看电子邮件，与同事或上司交流；浏览网页；等等。那么，每天确定好时间集中处理这些事情，通常安排在上午或下午开始工作的时候，而在其他时候就不要做这些事情了。

3. 及时寻求帮助

对于熟悉的工作和操作，需要加快速度，保质保量完成。对于自己工作中不太熟悉的技能和工作，及时向同事或上级寻求帮助，以加快工作进程。

难办的事情，先暂时不做

每个人的一生都不可能顺顺当当，总会遇到一些坎坷险阻，这时，一旦遇到紧急而又难以处理的事情，该怎么办呢？哲人说："人生难事，须以'缓'字应对，方能圆满。"的确，棘手之事，往往是事缓则圆，我们在做事情的时候，千万不可贸然急进。如果具备条件，需要一步一步向前；反之，如果不具备成事的条件，则不可轻举妄动，当缓则缓，凡事急不来的。

孔子说："欲速则不达。"其中，教导我们为人处世，要当进则进，当退则退；当急则急，当缓则缓。凡事不可操之过急，一味地求事情的速成，不顾后果一味冒进，事情反而会朝着相反的方向发展。吸取先贤的智慧，事缓则圆，不必急在一时，深谙做事的缓急之道。

将事情暂缓，等条件成熟之后再做，如此稳扎稳打，不急功近利，才能够保证事情的圆满成功。后人常常疑惑：为什么胡雪岩每次总能圆满地解决困难之事呢？这其中的秘诀就是“事缓则圆”。

小贴士

1. 等待时机

在这个世界，大凡人、事、物，乃至各种现象都有其成熟的时机，时机尚未成熟之前的等待，是很有必要的。诸如水果的成熟需要一定的时间，太早去摘取，其滋味总是苦涩的。做事也是一样的道理，每件事都需要一定的过程才能显得更完美。

2. 事缓则圆

释迦牟尼说：“缓但认真地坚持，终将圆满。”事缓则圆，看似容易，做起来却很难。遇到不明白的人，不要去弄明白，缓一缓，自然会明白了；想不通的事情，不要去想，缓一缓，自然就想通了；理不顺的事情，不要去理，缓一缓，自然就理顺了。其中所蕴含的哲理无非就是“圆”，遇到难事，暂缓一下，也许，你会有意想不到的收获。

做好计划，可以有效节约时间

做事没有什么技巧和捷径，主要还是勤奋踏实，尤其是制订有效的行动计划。在拟订目标的时候，每天坚持制订行动计划，而且不管遇到什么特殊情况，都要坚持完成每日给自己制

定的任务。

古语云：凡事预则立，不预则废。在行动之前要有目标，但仅仅有个目标还不够，在把理想铺铸成现实的道路上，还应该做好规划，规划不仅仅是一种前景目标、一张蓝图而已，它更是你行动的路线图。目标是可以看得见的靶子，每个人都能看到，大家都在朝它开枪，但并不是谁都能打得快和准。

为了实现目标，制订计划就去努力实现它，就可以使自己离目标越来越近，我们做事有了计划，就会把自己的行为置于计划之中，这样就有了明确的目的。当然，生活总是千变万化的，总会在某些方面冲击到我们的计划，总会打乱我们的计划，这其实就是理想的计划和实际生活之间的矛盾。在这个长期磨合的过程中，我们的意志就会越来越强，坚持自己的学习计划，直到计划达成的那一天。

阿诺德·施瓦辛格说："一个人应该有远大的目标，在追逐目标的过程中稳步前进，一步一个脚印，一定能成功实现目标。"

施瓦辛格从小出生在贫民窟，是一个不折不扣的穷小子。当时他瘦弱不堪，但在心里暗暗立下目标：长大后成为美国总统。

一个十多岁的穷小子，怎么可能成为美国总统呢？小小年纪的施瓦辛格思考了好几天，拟订了一个详细的计划：美国总统通常从各大州州长竞选，那么先做美国州长，而竞选州长则需要很多财阀的支持，获取财阀的支持就需要融入高层生活，要融入高层生活就要先娶一位豪门千金，要娶豪门千金前提必须是出名的人，而成为名人最快速的方法就是电影明星。那就先从电影明星做起吧，施瓦辛格开始锻炼身体，让自己身体强壮起来。

如何锻炼身体呢？偶然间，他看到著名的体操运动主席库尔，灵感迸发，强身健体可以通过练健美操实现。他开始日复一日地练习健美操，渴望自己成为身材最标准的男人。就这样持续了3年，施瓦辛格锻炼出发达的肌肉和强壮的体格，成为远近闻名的健美先生。

通过各种走秀，他的名字开始风靡欧洲乃至整个世界。没过多久，22岁的施瓦辛格如愿进入好莱坞。混迹演艺圈10年，他凭借健美的身材，塑造了一个个闪耀银幕的硬汉形象，开始成为闻名世界的明星。恰在这时，交往9年的女朋友家里总算同意了他们的婚事，他的女朋友是赫赫有名的肯尼迪总统的侄女。

过了十几年，施瓦辛格与太太生育了四个孩子，拥有美满幸福的家庭。2003年，57岁的施瓦辛格退出影坛，转而从政，并成功地竞选成为美国加州州长。

志存远大，这是一直被我们推崇的。但是在现实中，仅仅有一个清晰的目标还远远不够。就如阿诺德·施瓦辛格一样，如何开动脑筋，尽快突破小目标，实现大目标，才是人们最应该重点费心思考的问题。阅读阿诺德·施瓦辛格的成功经历，我们可以总结出这样一句话：从大处着眼，从小处着手，化整为零地循序前进。谁都妄想自己能一步登天，一夕成名，一下

子便成为一个亿万富翁。有目标、有憧憬是好事，但善于规划才是硬道理。

当然，当你制订好一份计划之后，还需要及时调整。当计划执行到某一个阶段的时候，需要检查自己的工作效果，并对原计划中不合适的地方进行调整。而且，计划制订之后需要坚决执行，否则前面所做的就是无用功。对于那些喜欢拖拉的人而言，坚定执行计划是极具挑战性的。一定要记住：抓住今天，今天的事情今天完成，不要总安慰自己明天一定会完成。

某位在高考中获取高分数的学生这样说道："确定每日、每周、每月的安排，坚定执行，必有成效。我高三的时间安排紧中有松，每天早晨7点到教室，先是做半小时的英语练习，然后开始上课；中午回家吃饭后休息半小时，这时我会躺在自己的小床或沙发上；1点20分到2点50分，我会去学校教室进行学习；下午和晚上按照学校的课程安排学习。当然，在课间休息的时候，我都是离开座位到教室外面的走廊走动一下。中午在教室进行学习的时候，我时而看看报纸和杂志，这样可以放松大脑，还可以为作文积累素材。而且，在一周之内，我还会为自己安排一个放松的时间，如周六或周日上午，完全抛开学习，好好放松身心。"

良好的学习计划当然是实现学习目标的蓝图，每一个同学都应该有自己的学习目标，而这个目标的实现需要脚踏实地、有步骤、有计划地完成。那么，通过时间和任务的结合，计划就由此诞生了。

小贴士

1. 制订计划

许多人说自己很无奈，要做的事情太多，每次面对这么多事都无从下手，其实造成这个现象的最大原因就是没有计划性。制订一个计划可以快速提升做事效率，在有限的时间里最大限度地完善自己的不足之处。例如，制订日计划和周计划，将计划与事情相结合，每天哪个时间段做什么事，在多长的时间内应该做完这件事，多久的时间来进行检查，到什么样的程度即可。

2. 合理安排哪个时间段该做什么事情

坚持计划，就是保持过去适合自己的做事时间不动摇，一次事情的不成功并不能否定你之前制订的有效计划，只有每天按照自己制订的计划坚持下去，才会达成自己的目的。

3. 短期计划和长期计划相结合

当我们在开始做事之前，需要为自己制订一个周密的计划，可以制订短时间的，例如3小时工作时间，然后分成若干个时间段，每段时间做哪个方案，如此计划好；也可以制订长时间的，例如看课外读本，半个月的时间看完一本书，每天看几页，一天中的哪个时间段适合看书，这些都需要写在计划里。

4. 早晚预习和检查自己的计划

每天早上醒来，躺在床上闭着眼睛，想想这一天有哪些事

情要做。把这一天的时间都计划好，然后按照自己的计划去严格执行。晚上睡前检查一下，今天的计划是不是都完成了，完成的结果是不是让自己都很满意，就这样，每一天、每一周、每一个月，早晚都要预习和检查自己的计划，才能切实地提高自己的效率。

5. 善于安排时间

同样是一天，不同的人会有不同的效率。例如，有的人善于科学地安排自己的工作时间，使工作和生活井井有条，所收获的效果也很好；有的人却相反，整天瞎忙一团，工作和生活毫无规律可言。对此，我们要清楚自己一周之内需要做的事情，然后制定一张作息时间表，在表上填一下非花不可的时间，如吃饭、睡觉、工作、娱乐等。

第6章
专注力量，减少被打扰的时间

现代社会最缺乏专注力，专注力指的是一个人专心于某一事物或活动时的心理状态。一个人的专注力，受很多方面因素的影响，而专注力不够是许多不擅长时间管理的人的共同特点。

拒绝同事不合理的要求

在职场生活中，有时候身不由己，经常会遇到同事请求自己帮忙做一些事情。假如自己从来都比较热情，或者不好意思拒绝同事，时间久了，同事所提的请求将越来越不合理，自己则可能会陷入越帮越忙的难堪境界。

通常情况下，对同事的不合理请求来者不拒，即便是牺牲自己的工作也在所不惜的人，内心都是比较脆弱的老好人，他们在拒绝别人方面存在心理障碍。不好意思拒绝，他们担心伤害别人的面子，只能自己硬着头皮上。

办公室里的同事，需要相互帮忙的时候比较多，当然，在我们力所能及的情况下，帮助同事是很有必要的，毕竟这样做可以给我们带来很多的好处，如建立和谐的人际关系以及高效地工作。

在职场工作中，也会有同事提出一些不合理的请求，这时我们应该怎么办呢？我们经常不愿意拒绝别人的要求，因为我们担心失去与他们良好的关系，所以在面对同事的不合理要求时，我们会感到十分为难。

其实，当我们没有学会灵活地拒绝别人的时候，尽管表面上我们答应了对方的请求，但实际上，在我们内心深处会积压

许多怨气，这会让我们感到痛苦，并且反过来有一天会影响我们与其他人的交往。所以，掌握积极的沟通技巧，学会合理地表达自己的感觉，对我们是非常重要的。

快下班的小王接到了同事小张的电话，他很着急地请求小王再帮他一下，写个新方案给客户，他说客户已经催了他好几次，而他确实没时间，因为小张最近谈恋爱的关系，小王常常帮小张写方案。

最近步入爱河的小张是小王在公司里关系比较好的同事之一，以前他们经常会在下班后一起打球、吃饭。本来，小王挺欣赏小张的洒脱和率真，所以在一个月前当小张一脸兴奋地说自己谈恋爱的时候，小王几乎是毫不犹豫地答应帮他做方案，以此给小张更多的时间去谈恋爱。

但是一个月下来，小王发现自己越来越不快乐，他发现自己已经讨厌总是替他做事。但是，应该怎么说不呢？小王觉得拒绝的话很难说出口，作为好朋友是应该互相帮助，如果自己开口说不，会不会失去这个朋友呢？

在案例中，当小王愿意帮助小张的时候，他可以去帮助他，假如小王内心不愿意再帮助小张的时候，他就可以用这样一个简单的方法来拒绝他：先了解清楚情况，理解对方，再告诉他自己的想法，同样也需要对方的理解和帮助。在拒绝同事的时候，表达友好和善意是我们拒绝时最重要的原则，它可以帮助我们建立更适宜与和谐的人际关系，在这样的前提下，我

们可以使用其他的方法，或者找一些小借口，就可以很好地拒绝同事。

许多职场中人都有跟小王一样的经历，越帮越忙不说，还越帮越不开心。同事的事情倒是解决了，但却耽误了自己的工作。甚至，有时候给同事做了半天的事情，末了还讨不了个好，连句“谢谢”都不曾听到，好像自己帮忙做事情是应该的，要帮就必须帮好，否则自己就不够义气。所谓的老好人，自己内心的苦闷又该向谁诉说呢？

许多人觉得自己无原则地帮助别人是可以体现自己价值的。但是，他们往往忽视了自己的时间和精力都是有限的。在职场中，只有尽全力将自己的分内工作做好，才能够真正体现自我价值。

小贴士

1. 做好心理建设

每个人都必须知道自己拥有拒绝别人的权利，然后找一个可以轻松说话的地方，并且考虑说话的时机。之后考虑清楚要拒绝对方要求中的哪个部分，而且预先准备好可以明确传达出“这个事情我没办法帮你，但假如改成……我就可以帮上忙”的讯息。

2. 在“行”与“不行”之间找出路

遇到同事请求协助的时候，认为自己只能接受不能拒绝，没有转圜余地，也是导致人们无法拒绝的原因之一。其实，只

要把拒绝别人的请托当成在跟对方交涉，就比较能够打破心理障碍，没有那么难开口。

假设完全接受对方的请求是100%，彻底拒绝是0%，那么不妨试着向对方提出90%、70%或50%的方案。你可以从请托的“内容”“期限”和“数量”做评估，例如，90%接受是“期限延长3天的话就办得到”；70%接受是“无法担任项目经理，但是参与项目没问题”。

3. 拒绝前先感谢

拒绝的说法也有一套固定模式可循：先以感谢的口吻，谢谢对方提出邀请；然后以缓冲句“不好意思”“遗憾”接续，让对方有被拒绝的心理准备；接下来说出理由，并加上明确的拒绝：“因为那天临时有事，所以没办法出席。”

4. 拒绝后表达歉意

如果婉拒的是无关紧要的邀约（如应酬），只要说今天不方便就好；但如果拒绝的是额外的工作，就必须说出今晚无法加班的具体理由。最后不忘加上道歉，以及希望保持关系的结尾：“真的很抱歉，若是下次还有机会，我会很乐意帮忙。”

5. 电话拒绝要格外温和

电话沟通看不到说话者的表情和动作，有时就算说法客气，对方还是会觉得你的态度强硬，所以讲电话的时候要增加缓冲句，尽可能体贴对方的心情。E-mail则是连声音的抑扬顿挫都没有，容易给人公事公办的感觉，所以要增加感性的词汇。

6. 正面朝向对方，放松眉头

通常，我们说话的姿势、表情、音调也会给人不同的感觉。拒绝时要尽量正面朝向对方，侧身容易给人警戒心强的感觉。蹙眉也会给人负面的印象，尽量有意识地舒展眉头，以接近微笑的温和表情讲话最适当。

你的宝贵时间被什么掠夺了

生活中总有这样的情况：有件事一直想去做，却过了很久才想起来，到现在还没做。每天各种事情已经占据了人们的时间。那么，这时候请尝试一下不被打扰的时间吧。每天给自己固定设置一个时间段，在这个时间段里，只处理你最想做的那件事情，请关掉手机、QQ、微博。

其实，投入的工作和被打扰是此消彼长的，假如你足够投入工作的话，周围的环境是很难打扰你的，这时你只需要将手机关掉就可进入不被打扰的境界。假如你本身对工作比较厌烦，心情非常焦躁，就算一根针掉在地上，也会干扰你的注意力。

时间都去哪儿了？可以说："打扰是第一时间大盗。"如果需要做一个时间管理者，每天需要有半小时至一小时"不被干扰"的时间。如果你可以有一小时完全不受任何人干扰，把自己关在自己的空间里面思考或者工作，这一小时就能够抵过

你一天单位时间的工作量，甚至有时这一小时比3天工作的效率还要好。

25岁的王小姐当文员已经6年，进这家公司也有3年了，半年前来到现在所在的销售部。这个部门一共有20多名工作人员，男女人数相当，销售员全是男性，行政人员是清一色的女性。

王小姐平时上白班，每天工作8小时，一周工作5天。由于有早晚班之分，她通常都是中午12点或傍晚6点两个时间点下班。王小姐的爱好比较广泛，唱歌、看电影、插花。下班后，她习惯回家吃饭、看书、上网、陪家人，也偶尔跟同事吃饭、唱歌。

与王小姐同公司的同事则喜欢下班后聚在一起打麻将，一般都有固定的几个牌友。“三个月前的一天，她们三缺一，我看实在找不到人，就跟她们打了一次。”王小姐说，她其实比较讨厌打牌，也不怎么会打，“没想到有了第一次，她们每次打牌都要喊我”。

渐渐地，一遇到同事下班约她打牌，王小姐心里就五味杂陈，本来就不太会拒绝人的她也曾说过“不想去”，但在同事的软磨硬泡下，每次到最后都被迫陪打。同事们“游说”的那些话，王小姐随口就能背出几句，“哎呀，就是几个同事要一会儿，不会有好大个输赢，就当是混时间。”“去嘛，你看我们三缺一，心里好受啊？”……

于是，三个月下来，王小姐每个月要被迫陪同事打三四次麻将。本来就不太会打牌的她“很受伤”——基本上每次打牌都会输掉100元以上。9月还没完，就已经打了3次，输了600多了！前天，同事又与她约好下一场牌局，对此，王小姐表示很无奈。

对王小姐而言，下班被迫打麻将给她带来的困扰远不只输钱那么简单。王小姐说：“本来这个月，我要参加一个公司举办的征文比赛，就是因为她们老是约我打牌，最后我错过了交稿时间。”平时下班后就去打麻将，回到家都深夜12点过了，洗漱完就凌晨1点多了，想到第二天还要去上班，根本就找不到写文章的状态。

尽管被迫打牌，王小姐也怕自己上瘾，因此心理压力一直比较大，她说：“每次打牌的那段时间，每天晚上睡觉都梦见自己打牌，弄得自己的精神状态很差。”

对于案例中王小姐的情况，自己的休息时间被打扰了，严重影响生活和工作。对她而言，首先要学会自我调适、自我放松，通过各种方法宣泄自己压抑的精神情绪；其次制订与自己能力成比例、一致的目标，明确生活与工作的界限；再次要妥善处理人际关系，正确认识周围朋友，分清工作上的朋友、生活中的朋友；最后要尊重自己的兴趣爱好，学会抗干扰，安排不被干扰的时间。

你每天有多少时间被打扰了？日本专业的统计数据指出：“人们通常每8分钟会受到一次打扰，每小时大约7次，或者说

每天50~60次。平均每次打扰大约是5分钟，总共每天大约4小时，也就是约50%的工作时间（按每日工作8小时计），其中80%（约3小时）的打扰是没有意义或者极少价值的。同时人被打扰后重拾起原来的思路平均需要3分钟，总共每天大约就是2.5小时。根据以上的统计数据，可以发现，每天因打扰而产生的时间损失约为5.5小时，按8小时工作制算，这占了工作时间的68.7%。”

小贴士

1. 找到躲避的地方

许多办公室是靠一些隔断划分出每个人的工作区域，这样的设置方法可以保持员工之间的距离，又不影响沟通，不过需要安排不被打扰的时间。如果在某项工作遭遇挫折时，不妨找一个僻静的地方，往往会有意想不到的收获，如楼道、楼顶、空的办公室等，独自思考，很少有人会打扰到自己。

2. 断掉通信

当你的注意力完全集中在当前的工作时，只有很少的几件事可以干扰自己，那就是手机来电、日程提醒、有人找你。假如你打算在工作时给自己一个安静的时间段去认真地规划手头工作，不妨把手机调成静音，在特定的时间统一回电；关闭客户端，每天固定几小时去接收或回复；挑选一个有人打扰频率最低的时间段。

3. 偶尔听一听轻音乐

可以尝试听听轻音乐，当你在写程序、编辑视频、制作动

画或者做其他工作的时候，可以戴上耳塞，放一段轻音乐，将自己和其他人隔离开来。

番茄时间，拯救专注力

对上班族来说，提早几分钟到办公室，把一天的工作任务划分为若干个“番茄钟”，规定好每个“番茄钟”内需要完成的小目标，然后尽可能心无旁骛地工作，这种“番茄工作法”也被称为拖延症自救攻略之一。假如想培养自己强烈的时间管理意愿和意识，养成坚定的自我管理习惯，从此克服懒惰，就要利用番茄钟的理论来提升自己充分利用时间的能力。

番茄时间的原则在于，一个番茄时间（25分钟）是不能分割的，不存在半个或一个半番茄时间。一个番茄时间里若做与任务无关的事情，则该番茄时间作废。当然，避免在非工作时间内使用番茄时间，如利用5个番茄时间钓鱼。在开启番茄钟之前，需要有一份适合自己的作息时间表，在进行过程中别拿自己的番茄数据与他人的番茄数据比较，而且番茄的数量不可能决定任务最终的成败。有效地利用番茄时间，可以减轻我们对于时间的焦虑，同时可以集中注意力，减少工作的中断。

小白是职场丽人，平时养成了拖沓的工作习惯，她觉得自己有必要改变自己，于是打算利用番茄钟来督促自己管理时间。

周一早上8：30，小白启动了第一个番茄钟，她打算用这个番茄钟来回顾前一天的所有工作，看一遍活动清单，并填写今日日程。在同一个番茄钟内，小白检查方案是否一切就绪，做一些整理，番茄钟响了，她休息5分钟。

第二个实务番茄钟开始，小白进入工作状态，就这样进行了三个番茄钟，然后进行一段较长时间的休息。虽然愿意继续工作，小白还是决定休息时间稍长一些，以便面对紧张工作的一天。过了20分钟左右，启动一个新的番茄钟，继续四个番茄钟，此时已是12:53。正好余下几分钟可以整理一下办公桌，收集四处堆放的文件，检查了今日待办表格，决定去吃午饭。

下午2:00，小白回到办公室，启动番茄钟继续工作。在番茄钟之间，她的休息时间不长。但在四个番茄钟后，她觉得累了，但仍然还有几个番茄钟要做。她想要好好休息一下，去溜达溜达，尽可能离开工作。30分钟后，她开始一个新的番茄钟，结束并休息后，她预留了最后的番茄钟用来回顾当天的工作，填写记录表格，就可能的改进记下一些意见，为明天的待办表格加一些说明，并且整理书案。番茄钟铃响，短暂休息后，小白看看表，5：27了。她整理好位置凌乱的文件，排好活动表格的顺序。5：30，空闲时间开始。

小白曾是一个深度拖延症患者，通过种番茄钟，坚持每天上班时间至少收获10个番茄，以此来敦促自己完成日常工作。同时，自我诊断拖延程度有所减轻、工作效率大大提高。番茄工作法的设定，主要针对人们对庞大任务的恐惧和抗拒，把注意力集中在当下，可以帮助人更好地集中精力、摆脱曾经挫折的阴影和“万一任务完不成”的焦虑。

番茄工作法是简单易行的时间管理方法，番茄工作法是弗朗西斯科·西里洛于1992年创立的一种相对于GTD（getting things done,把事情做完）更微观的时间管理方法。番茄钟，指的是把任务分解成半小时左右，集中精力工作25分钟后休息5分钟，如此视作种一个“番茄”。即使工作没有完成，也需要定时休息，然后再进入下一个番茄时间，收获4个番茄后，可以休息15至30分钟。在番茄工作法一个个短短的25分钟内，收获的不仅仅是效率，还会有意想不到的成就感。

根据自己的实际情况，合理设置一个工作日内的番茄时间段，尽可能将重要的工作放在精力充沛的时段。如8:30—11：00、15：00—17：00等。当然，不一定所有工作都需要纳入番茄时间段里，应找到适合自己的工作节奏。

小贴士

1. 做好记录

在开启番茄时间之前，做好准备工作，明确各个番茄时间内对应的任务，最好将任务简单写到纸质便签或日记本中，便于番茄钟的实行，强化反馈。

2. 保持任务时间

每4个番茄时段内的任务应尽量保持一致，别有太大的差

别，尽可能减少任务间的切换成本，毕竟切换某个任务的工作状态也是需要时间的。

3. 预留时间

启动番茄钟之后，打扰是不可避免的，电话或邮件都有可能打断自己的工作。假如必要，可在番茄时间段里预留一些处理打断的时间，如25+5，预留5分钟。当然尽可能避免这种打扰，在允许范围内适当将接收邮件的时间延长，不启动即时通信工具。

别让手机占据了你的时间

在信息时代，智能手机已经进入生活的方方面面，除了可以打发每个人的碎片时间，其他诸如购物、社交，甚至工作都可能需要用到手机。人们每天使用手机的时间越来越多，你每天花多少时间玩手机呢？

人们每天用手机都在干什么呢？根据调查结果显示，使用社交网络和观看视频分别以46%和42%的比例占据使用频率的前两位，而在线购物以12%的比例位列第三。刷刷朋友圈，看看微博，逛逛淘宝、京东等，这些基本上是手机使用频率最高的行为。

你是否计算过自己每天花了多少时间来刷朋友圈？现代

社会的电子产品更新越来越快，社交网络越来越发达，越来越多的人成为低头族，吃饭时刷朋友圈，走路也刷手机，上厕所时手机似乎比手纸更重要。那么，你花在手机上的时间有多少呢，一小时？两三个小时？三五个小时？还是五小时以上？

有人甚至说，手机是现代人离不开的唯一东西。每天起床都会随手打开手机，点开微信朋友圈去看动态，一条一条往下翻，看到朋友的动态会随手点个赞，看到有意思的内容再评论一下。拿着手机，可能半小时很快就过去。因为总是玩手机，给人们一个错觉：玩手机时间很快就过去了，上班时总感觉时间好难熬。

大部分人玩手机上瘾、刷朋友圈上瘾，每天一有空就去刷朋友圈，甚至有种感觉，工作一会儿就喜欢去点开看一下。其实很多时候别人都没有更新动态，刷了几次还是那几条。但是手就像着魔一样，总是想去看看。

手机的高频率使用，导致一大批手游滋生。平日里喜欢在电脑上玩游戏的人，开始将注意力集中在手机，毕竟比起电脑而言，手机更便于携带、操作。于是，人们花了更多的时间利用手机玩游戏。

其实，把花在手机上的时间拿出来关注自己，你会得到更多，努力工作你会得到报酬，多点时间关心身边的亲人会让生活更温暖，而不是拿着冷冰冰的手机在朋友圈关注那些你压根就不熟的人，而放任亲人在身边不闻不问，让亲情渐渐冷却。

曾有脑科学方面的专家对此进行研究后表示，每天长时间刷朋友圈会严重分散人的注意力。研究显示，脑的前额叶处理问题的习惯倾向于每次只处理一个任务。多任务切换，只会消耗更多脑力，增加认知负荷。因此，有科学家相信，这种“浅尝辄止”的方式，会使大脑在参与信息处理的过程中变得更加“肤浅”。美国学者甚至以“最愚蠢的一代”来讽刺信息时代的低头族们。

智能手机的出现确实让人们的生活变得更加便利和丰富多彩，让人与人之间的沟通也变得更便捷，但也让人与人之间面对面的交流变得越来越少，人们可能更愿意用发微信的方式来和朋友交流。凡事过犹不及，可别让手机占据了你全部的时间。

小贴士

1. 多交朋友，丰富生活

在闲暇的时候，多进行瑜伽、篮球、跑步、深呼吸等活动，让生活充实，同时也可以放松身心。不好让自己的生活太无聊了，当一个人无聊的时候，就会不断地用手机来填补空虚的兴奋感，认为手机是自己获取外界信息的唯一渠道。

2. 减少看手机、用手机的次数

下意识强制自己每几小时才去查看一次手机。如果必须随身携带手机的话，就把手机放在包里，并强制自己不要频繁打开包查看手机。手机的长时间使用会形成一个习惯，对于习惯，需要强制才能达到效果。

3. 彼此提醒少用手机

其实很多人之所以使用手机的时间那么长，在手机上，打开微信、微博、百度，这样一个一个看下去，漫无目的，最终时间过去了，也不知道自己看了什么。在生活工作中，和朋友彼此协商好，让对方监督并提醒你。例如在使用手机好长时间时提醒下，在一些场所提醒不要使用手机等。

4. 删除不常用的程序

现在有的人在手机上装了很多APP，有购物、旅行、理财、游戏、微信、QQ等。手机上装的应用太多，会影响手机的运行速度，商家推送的信息则会干扰我们的注意力。对于手机上一些不常用的应用，可以删除，既可以腾出内存空间，还能够减少干扰，何乐而不为呢?

5. 别把手机放在床头

很多人，早上一睁开眼的第一件事情，就是查一下手机，看看朋友圈有没有更新等。每天晚上睡觉之前，也要看手机，这样不仅伤眼，还会影响睡眠质量。而且睡觉时，也将手机放在旁边，但因为人们在睡觉的时候对外界的防御能力是很低的，所以对身体也有伤害。

6. 找其他东西代替手机

不要一遇到问题，就想到手机，也许会有其他更好的方法，从而减少对手机的依赖。例如在上班路上可以选择看书来代替玩手机；拍照的时候，可以用数码相机代替手机。

7. 坚持每天写日记

记下每天使用手机的时间和目的，这样可以让自己真正了解自己整天拿着手机是在做什么。也可以写一些你认为有意义的事情，让自己多发现身边的人和物，不仅可以戒掉手机瘾，还可以扩宽自己的视野，同时锻炼自己的语言组织能力和表达能力。

价值衡量，做值得的事情

“我喜欢创作，但我却在做指挥。”这个矛盾一直折磨着世界著名的指挥家——伦纳德·伯恩斯坦。虽然，他无数次站在舞台上接受掌声和鲜花，但是，他心里是不愉快的，总是感到一阵隐痛和遗憾。生活中，我们常说“选择你所爱的，爱你所选择的”，其实，说的就是这个道理。当我们选择的是我们所感兴趣或认为有价值的事情，那么，我们就会激发出全身的力量去努力，心里也会相对坦然很多。对此，“不值得定律”给予我们这样的启示：不值得做的事情不要做，值得做的事情就要把它做好。当然，什么是值得的，什么又是不值得的，这根源于每个人的价值观。

人们普遍存在这样一种心理：一个人如果觉得这是一件不值得的事情，他往往会持冷嘲热讽、敷衍了事的态度。换句话说，对于他们认为不值得去做的事情，那就不值得去做好。当

然，这种心理，使得他们在从事自认为不值得的事情的时候，难以成功，即使成功了，他们也体会不到多大的成就感。每个人都有不同的价值观，而人们做事情的标准则是：只有符合自己价值观的事情，他们才会满怀热情地去做。对于符合自己价值观的事情，他们能够做得很好；反之，与自己价值观不相符合的事情，他们很难做好，因为缺乏足够的热情，这就是心理学上的“不值得定律”。

在职场中，同样一份工作，在不同的环境下，它所给我们的感受是不同的。例如，在一家大公司，初入职场的你被安排做打杂跑腿的工作，很可能你认为这不值得，结果，你就连一些小事情都不能做好；反之，一旦你晋升了职位，你就会觉得这份工作是很难得的，自己一定要努力工作，因为它值得你为之努力。

小杜是计算机专业的硕士生，毕业后去了一家大型软件公司工作。工作没多久，他就凭着深厚的专业基础和出色的工作能力，为公司开发出了一套大型的财务管理软件，对此，他得到了公司同事的称赞和上司的肯定。

就在去年，小杜被提升为开发部经理，在上司看来，他不仅精通技术，而且还是一个值得下属信任和尊敬的上司，而他所领导的开发部屡创佳绩。公司老总认为小杜是一个不可多得的人才，又把他提升为总经办主任，负责全公司的管理。接到任命通知书后，小杜显得并不高兴，他明白自己的特长是技术

而不是管理，如果自己纯碎去做管理，会使自己的特长无法发挥，而且，专业技术也会被荒废。更关键的是，自己并不喜欢做管理，在小杜看来，那是不值得去做的工作。

可是，碍于上司的权威和面子，小杜还是接受这份对他来说不值得做的事情。果然，在接下来的一个月里，虽然小杜做出了最大的努力，但还是令人失望。上司难以体会他的苦衷，也开始对他施加压力。如今，小杜不但感到工作压抑，毫无乐趣可言，而且，他越来越讨厌这份工作，甚至，想到离开公司另谋出路。

大量研究表明，在职场中，至少有一半以上的人将精力花在与工作无关的事情上，如果你一天花这么多时间在一件不值得去做的事情上，那么，工作对于你而言，将会变成一件痛苦的事情。就像案例中的小杜一样，还会波及大好前程。在这里，提醒那些将精力花在不值得去做的事情上的人，不要再耗费自己的生命了。

小贴士

那么，在生活中，我们该如何避免“不值得”观念的产生呢？

1. 不断补充知识

论语曰：“十五而上学，三十而立，四十不惑，五十知天命，六十而耳顺。”人生是一个不断学习、不断丰富的过程。随着年龄的增长，我们的知识以及能力也会有所提高。在知识的带领下，我们将越来越能正确分辨，哪些事情是值得去做

的，哪些事情是不值得去做的。

2. 换个角度思考问题

俗话说："旁观者清，当局者迷。"有时候，我们置身其中，往往不能分辨出这件事到底值得不值得。这时候，我们应该换个角度思考问题，站在第三者的立场看问题，这样你就会多一些理解与包容，看问题会更全面、更周到。这样，你会对一些之前认为不值得的事情有改观。

3. 善于听取别人的意见

哲人告诫我们："多听，多看，多想，凡事三思而后行。"对于任何一件事，每个人都有自己看不到、想不到的地方。为了避免一些人生的错误，我们应该多听、多看、多想，多听听他人的意见，这样，我们才会将事情判断得更准确，避免过分值得或不值得的现象的出现。

或许，是到了你该离开的时候，离开这个不能让你振奋、给你新知的地方了。重新去寻找一些值得去做的事情，这样才能体现出你应有的价值。

第7章

时间日志，周有计划日有安排

做好时间管理，就需要每天写好时间日志，记录一天24小时的时间安排，做好时间表，这样时间花去哪里了一目了然。在做时间表时，要周有计划日有安排，这会给我们的时间管理一个很好的导向作用。

人的差异产生在业余时间

爱因斯坦曾说："人的差异产生在业余时间。"我们从这位科学家的话里，就可以看出他是多么重视、珍惜时间，同时也是运用时间的高手。对我们来说，没有时间做保障，工作就没办法进行，所确定的目标和计划也就没办法实现。

如今，职场人的压力很大，而工作时间有限，自己可以支配的时间并不多，赢得时间就显得非常重要，因此要充分利用一切可以利用的时间，以此来执行自己的计划、实现自己的工作目标。在工作过程中，要养成珍惜时间的好习惯：切实加强工作计划的执行，按计划做事，在最佳的时间里尽量多安排工作任务，所谓乘胜追击，就是这个道理；养成良好的工作习惯，例如上班时间不在办公室聊天、关掉即时通讯工具、做方案时不宜一边看电视或听音乐一边工作等；注意每天睡前做一下总结，看当天的工作任务是否完成及时间是否抓得紧等；要牢牢记住今天的事情今天完成，不要总安慰自己明天一定能完成，更不能养成拖沓的坏习惯。

其实，做事就是这样，只要你按照工作进度，把时间妥善地安排好，按计划执行就能将工作做好。通常情况下，工作时间的安排不宜太长，也不宜规定得太细，这是因为在执行过程

中很可能因为领导一个突然的要求打乱安排。例如安排好一周里每一天做什么即可，给出一个大概的时间分配。

小贴士

1. 将时间分为工作时间和非工作时间

时间可以分为工作时间和非工作时间，非工作时间包括吃饭、睡觉、走路、娱乐、锻炼等必须支出的时间。在平时的生活中，我们不能挤占非工作时间，因为这是高效工作的基础；对于上班时间，可以按照公司的进度来进行，别利用这段时间做其他的事情，否则会本末倒置。而剩下的就是自己可以自由支配的时间，把它们按照前面所制订的工作计划分配到每天，遵循了科学规律，自然会提高做事效率。

2. 科学安排时间

科学研究表明，人在一天24小时中，工作效率有高潮和低潮，大部分人在上午8—10点、下午3—6点、晚上8—10点是工作效率最高的时间段。上午8点大脑具有严谨、周密的思考能力，而晚上8点记忆力超强，中午1点左右是脑力和体力的低潮。每个人具体的自身情况只有自己才最清楚，必须明确自己在各个时间段的状态，按照每个时间段的特点相应地分配工作任务，这样才可以提高效率。那些整段整段的时间用来完成需要思考的工作任务，如做报告、策划等，零散时间用来记忆最基本的知识，如单词等，思维能力强的时间段用来做编程等，记忆能力强的时间段用来记忆知识。

3. 利用零散时间

时间对于每个人而言都是公平的，每天都有24小时，实际情况并不是这样。大部分人发现自己的时间根本没办法满足工作的需要，其中一个主要的原因是有很大一部分时间十分零散，如休息时间、等车时间、睡觉前的时间。我们很容易忽略这些零散的时间，它们看起来是如此的不起眼，不过，汇集到一起就不一样了，因此我们要善于利用零散的时间来做事。如利用这些时间记忆单词等。此外，还需要好好利用双休日和节假日，许多人会选择休息，不过不可能全部用完，剩下的时间积攒起来还是十分多的。

精心策划每日时间表

张小姐有一个提醒自己还贷的备忘录，每个月3日还信用卡，每个月9日还蚂蚁花呗，每个月20日还银行房贷。有了备忘录，她就不至于忘记还款，避免有信用不良的记录。每日备忘录是从每月1—30日分别加以编号的备忘录。例如，你决定在下周二去医院看望朋友，就在每日备忘录的日期上做标记。假如定在周五早上，可以在周四的地方做个标记，提前提醒自己，再在周五上做个标记便于再看一次。

你是否有使用每日备忘录的习惯？现代社会总是充斥着各

种激烈竞争，几乎每个人都在忙碌地生活着，孩子需要上各种辅导班，培养特长，还需要完成学校布置的作业。在忙碌的日常生活中，有很多需要记忆的工作。但是，一个人的记忆能力是有限的，这时需要一个可以提醒和安排自己工作的东西，可以井井有条地处理和安排任务，在有限的时间内完成最紧急最重要的事，而每日备忘录恰恰有这样的作用。

可以说，每日备忘录是我们想要记住却又不愿意长久记在大脑里的讯息、文件和资料的存储器，当我们需要时可以看一下那些日程安排。每天早上，我们都要看每日备忘录，看看记了些什么事情，真正让备忘录成为一种有用的时间管理工具。同时，备忘录的存在，会帮助我们抑制冲动的情绪，从而做出理智的判断。

对职业者而言，每日备忘录是引导他们开展有效性行动的重要环节。做好每日备忘录，需要养成习惯，每天把自己能想到的，现在有的、想的或做的，以及以后想要做的事情都记在上面。当然，每日备忘录是一种帮助自己记忆的工具，通过这个方法提醒自己记住那些容易忘记做的事情。例如，在日期表上记上家人的生日。最初，人们习惯性通过画圈或标记等方式直接将事情标注在日历表上，不过日历表因太小而无法将一切的事情都标记下来，毕竟上面全部是日期，所以也没有多余的地方让你把备忘录做得更详细。

有些时候，标注的事情附带一些文件，那就可以用档案袋来备忘，例如你在本月15日需要出席一个谈判会，而你需要带一些公司的资料。那么就把这些资料装进档案袋，上面标明谈判会的地点、时间、与会人员和原因。或许你会忘记出席谈判会或一时找不到资料，但是只要你记得查对每日备忘录，便不会忘记这件事。

用每日备忘录记录每天需要做的事情，一旦你熟悉这种方法，就会发现这是简单而有效的时间管理工具。当然，不管在什么时候，高效工作都是每日备忘录的使用目的，需要对备忘录进行精心策划才能达到。

小贴士

1. 可以将文件归类备注

或许，你在未使用每日备忘录之前，文件总是堆满了桌子。现在开始学做备忘录吧，将需要处理的文件按照日期放进档案袋，在放置的地方及想要使用的时间上面做个标记。在每个月的最初打开当月的档案袋，按照预定的时间将文件放进去。

2. 提高做事效率

有了每日备忘录，只需要每天早上看一下当天所需要做的事情，然后轻松地去做决定，用不着花时间和精力在其他事情上，这样会帮助你花很少的时间和精力去提高工作效率。

3. 记录未按时完成的计划

每日备忘录可以记录自己因各种原因未按时完成的计划，例如你想每周跑步三次，两个月之前就在每日备忘录里做了记

号。当回过头来检查计划时，想想自己以前是否做过。如果按照计划进行，就会感受到坚持的那段时间里自己的变化。

4. 促进与他人保持联络

每日备忘录可以帮助自己与朋友保持联络，根本不需要担心会忘记。只需要将日期标注在每日备忘录里，到时打电话保持联络，增进人际关系。

最后期限，修炼专注力

最后通牒效应启示我们：设定最后期限，你的效率会更高。许多人都有做事拖沓的习惯，他们常常会因为贪玩而误了作业，问他原因，他还会搬出很多借口。其实，有这样的习惯对他的未来是相当不利的，习惯虽然不能决定一切，但一定程度上可以影响他做事的效率和风格，尤其是对于年轻人来说，一个小小的习惯有可能会带来一生的阻碍。

中午，林妈妈打电话回家，问小虎作业完成得怎么样，小虎兴奋地告诉妈妈“马上就写完了”。可是，晚上妈妈回家了，小虎却不好意思地跟妈妈说：“我下午多看了一会儿电视，作业没有写完，但没有多少了，明天玩过回来也可以写的。”妈妈太了解小虎了，明天回来他也会说累了不想写，因此，妈妈很生气：“昨天晚上和今天早上，你都向妈妈做了保证，今天的作业必须写完，不能拖到明天，既然你今天的事情没有做完，那么晚上继续写，你可以拒绝不写，但明天去公园的计划就取消。”看着妈妈这样严厉，小虎晚上加班写完了作业，第二天妈妈也兑现诺言带他去了公园。

从这一次之后，小虎就明白了做任何事情都不要拖沓，今天的事情必须今天做完，否则就会影响到明天的事情。其实，很早以前，妈妈就意识到小虎的坏习惯，那就是做事喜欢拖拖拉拉，问他为什么没有完成，他就找借口，林妈妈觉得这样的习惯很不好，她就采取最严厉的方式让小虎改掉坏习惯。现在，小虎每天都会把该写完的作业做完，假期的时候，还会提前写完作业，这样他就有更多的时间来玩耍了。不仅如此，小虎还成了爸爸和妈妈的监督者，当爸爸和妈妈每天要完成的事情没有完成，小虎就会搬出妈妈的理论来督促他们。在监督爸爸和妈妈的过程中，小虎也明白了“今日事，今日毕”的重要性，有时候会克制自己的惰性和贪玩心理，他把那句名言贴在自己房间的墙上，以此来勉励自己。

孩子为什么做事拖沓？为什么不能主动规划本来属于自己的事情？主要原因在于父母把所有事情都做好了，孩子一旦形成依赖性，就会养成做事拖沓的习惯。而且根据孩子以往的经验，一旦自己做不好事情，身边总有父母急着指责，这时孩子们就索性说：“我就是不会做，所以你全部替我做了吧。”

有的人做事情拖拉或者磨蹭，有自身的原因，也有外来因

素的影响。例如贪玩、受到不应有的干扰、因问题难以解决而犯愁犹豫，这都可能造成自己拖拉、磨蹭的习惯。与其拖拖拉拉，不如花心思帮助自己找出原因，对症下药，就能改变自己拖拉的习惯。

小贴士

1. 短时间训练

给自己一分钟，用来做题、写汉字、写数字，通过这些训练让自己体会到时间的宝贵，原来一分钟可以做很多事情，从而珍惜时间。当然，在这个过程中，渐渐地通过奖励积分制度引导自己主动参与，毕竟有时候是兴趣，后面玩就不新鲜了，给自己设定挑战小目标不断激励尝试。

2. 多鼓励自己

有人做事磨蹭的时候，旁边的人喜欢喊、不断催促，结果越催，他动作越来越慢。反之，如果一个人做事情速度快，旁边的人就表扬。事实上，应该多鼓励自己，尽管自己有做得不足的地方，通过适当的鼓励，会激发自己内在的动力。

3. 给予自己一些自由的时间

许多领导习惯把下属的时间安排得紧紧的，当完成布置的任务，还会安排其他的诸如写文案、策划等工作。这时下属也会感觉到，只要自己有空闲时间，领导就会安排任务。那下属在做工作时就会边写边玩，这样就会拖很长时间。

4. 训练生活习惯

应该给自己规定时间，要求自己在规定时间内完成要做的事情。例如和同事比赛做方案，看谁的速度快，在比赛之前先熟悉写方案的技能，如此循序渐进地训练。

5. 让自然后果教育自己

如果做事经常磨蹭、拖拉，什么时候都需要身边人催促，那可以试着不去理会这样的情况，既然喜欢睡懒觉，那就睡。一个人的自尊心很强，如果因为睡懒觉而迟到，被老板当众批评，自然会感到很羞愧。时间长了，也就改变了拖拉的坏习惯。

目标清单，让生活有趣又自律

乔布斯说：把生命的每一天当作最后一天来过。虽然我们没有那么强烈的危机感，但是，在日益频繁的灾难、暴乱、战争、疾病面前，人类是多么得渺小，生命在受到威胁的时候是多么得脆弱和不堪一击，即使2012是世界末日这一说法是个谣言，现在也是我们该做好反思的时候了。如果明年是我们生命中的最后一年，你们有没有还没有完成的理想？有没有还没来得及实现的愿望？让我们把今年作为期限，认真地写下自己的愿望，然后努力在年底之前一件一件地完成吧。

生活中，许多人缺乏明确的目标，他们看起来努力，总是

不断地爬，却永远到不了终点，找不到目的地。没有目标，行动没有焦点，不仅白费力气，也得不到任何成就与满足。人们把一些没有计划的活动错当成人生的方向，他们即便花费了很大力气，由于没有明确的目标，最后还是哪里都去不了。

人生是需要目标的，万一实现了呢？不能坚持着目标的人，他们不知道自己所要的是什么，总是茫然地生活着。明确自己的梦想，不论是对人生，或是对任何的行动，都是非常重要的。

列出目标清单，完成这张清单的最终目的是帮助自己感受“做喜欢的事是什么感觉”。通过尝试那些你认为可能喜欢的事情，让自己了解自己的真正长处在哪，自己的核心竞争力是什么，还有什么远大的目标值得你去追求。

小贴士

1. 列出分类目标清单

可以分类列出目标清单，如30分钟内做完的目标清单和10分钟做完的目标清单等。分类记录心愿，例如最想去旅行的10个地方，最想读的10本书，最想看的10部电影，最想吃的食物，等等。

2. 人生之旅从目标开始

有人曾这样说，一个人无论他的年龄有多大，其真正的人生之旅，是从确定目标那一天开始的，之前的日子，只不过是在绕圈子而已。要想获得成功，我们就必须拥有一个清晰而明

确的目标，目标是催人奋进的动力。如果你缺失了目标，即使每天不停地奔波劳碌，却还是无法获得成功，而成功者之所以能轻松地获得成功，那是因为他们有目标清单。

3. 有目标就有了动力

在生活中，一旦我们确立了清晰的目标，也就产生了前进的动力，所以，目标清单不仅仅是奋斗的方向，更是一种对自己的鞭策。有了梦想，我们就有了生活的热情，有了积极性、使命感和成就感。有清晰目标的人，他们的心里特别踏实，生活也很充实，注意力也随之集中起来，不再被许多烦恼的事情所干扰，他懂得自己活着是为了什么，所以，他的所有努力都是围绕着一个比较长远而实际的目标进行，步步走向成功。

列出你的一周时间表

在制定一周时间计划表之前，我们需要统计非工作的活动以及这些活动所占用时间的总量，千万不要去占用这些时间来工作，如吃饭、睡觉等时间，家务及其他活动时间，周六、周日晚上用来社交或娱乐活动的时间。对于这些时间，我们需要做到心中有个大概，而且不安排这些时间让自己做事。记住，这个步骤很重要，之所以不要把这些时间用来工作，也是为了更有效率地做事。否则，工作之外的诱惑力肯定会占上风，当

你不得不强迫自己把这些非学习时间用来工作，效果也不会很大，等于做了无用功。

当我们需要合理安排时间的时候，不妨以一周作为短期，在制订时间计划的时候，需要清楚一周内所需要做的事情、所要达到的目标，然后制作一张日作息时间表，在表上填那些必须花的时间，如吃饭、睡觉、工作、娱乐等。安排完这些时间之后，选定合适的、固定的时间用于工作，一定要留出足够的时间来完成领导布置的工作任务。

一周时间计划表可用于工作的时间及其分配，把计算出的工作时间量分配到一周的每一天，并做出每周的工作时间表。坚持做时间记录，观察时间利用的数据，可以让人更容易感受到时间的流逝，更善于客观地安排时间计划，因此比较容易提升自我。

精确记录一周的时间表，看一周的时间分配情况。把每一天从早到晚每个时段所做的事都记在笔记本上，具体到分钟，这样的记录会让时间利用效率大大提高，当你每天看这些记录，就会有一种充实感和成就感。

小贴士

不过，我们还需要注意这几个问题：

1. 确定最佳时间段

确定一天之内哪段时间你的感觉最好、大脑最敏捷，就将这段时间用在工作上。因为生理条件、生活环境和习惯的

不同，人们的生活节奏往往是不相同的。有的人工作的最佳时间是在上午，有的人是在下午，还有的人感觉晚上做事效率最高。因此，在了解自己的最佳时间段之后，将最重要的事情放在最佳时间段去做，就会取得高效率的回报。

2. 休息时思考

下班之后，我们努力做到休息时思考。这段时间十分特殊，我们的思路依然围绕在工作上，工作的内容自己也还很清晰，方案和例子也都记得比较清楚。这可以说是做事效果最佳的黄金时间，这时技巧很容易记住且易于应用，我们的理解力和记忆力也可以得到加强。当然，最重要的是检查。你可以制作一张自我监督表，并把这张表贴在墙上或夹在笔记本里，至少保存三个星期。

3. 避免连续工作两小时

在工作过程中，我们要避免连续工作超过两小时，应该安排半小时的休息时间。研究表明，人们采用工作—休息—工作的方式，比工作—工作—工作的方式效率高。做事也是一样的道理，一直不停地工作不一定可以达到预期的效果，中途适当休息一下才是最好的工作方式。所以，在连续工作超过两小时之后，我们可以从座位上站起来，伸伸懒腰、捶捶腿、吃点东西，或向远处看看，转移一下自己的注意力，同时也让我们的眼睛得到休息。

第 8 章

时间碎片，利用好生活缝隙

现代社会，时间容易碎片化。尽管人们总说没有时间，但其实短小的空闲时间倒是很多，如通勤时间、等人的时间等，如果能够将这些碎片化的时间聚合起来，并加以充分利用，将会给我们的生活带来很大改变。

不放过每一段可利用的时间

根据碎片时间产生的环境，选择不同的利用方式。我们对于闲碎的碎片时间的消耗方式有思考、听音乐、手机上网；看书听歌和朋友聊天；思考一些自己感兴趣的话题，思考人生；阅读书籍、新闻，关注一些时事新闻；与亲朋好友交流沟通等。有意识去注意这些时间碎片，你会有意外的收获。对于工作中的人来说除了工作和休息的时间，就是他们的碎片时间，还可以用来根据自己的兴趣兼顾自己的第二职业。

瑞士奶酪法，就是在一个比较大的任务中使用“见缝插针”的方法，利用零碎时间，而不是消极等待整块时间的出现。这个方法由阿兰·卡凯提出，当然，如果想要熟练使用瑞士奶酪法，需要了解自己的碎片化时间通常有多久，可以做多少时间、适合做什么事情，这样自己才会“钻奶酪”。

改变你的时间观念，在认识时间就是金钱的基础上，合理地利用你的时间，不放过每一小块时间，是你取得一番成就，成为成功者的捷径。对于现实工作来说，利用短时间，就是要求你把工作进行得迅速，如果只有5分钟的写作时间，你切不可把4分钟消磨在咬你的铅笔上。事前思想上要有所准备，到工作时间的时候，立刻把心神集中在工作上，迅速集中脑力，并全

力以赴地行动。

俗话说：“时间是单行线，只会前进不会回头。”当我们工作的时候，总是抱怨时间太少做不完，不过你是否想过：时间真的不够用吗？还是有些时间被你无意中浪费了呢？

利用碎片化时间，就是用短时间创造价值，实际上一天24小时我们有很多时间是浪费的。例如中午吃饭后的午休，晚上下班后的娱乐，吃饭后的闲聊，工作中和同事的闲聊，等等，都是短时间的浪费。

时间对我们任何人都是宝贵的，学会利用时间、掌握时间的人才是一个聪明的人。时间的长短虽然不可控制，但是我们可以珍惜自己拥有的宝贵时间，让时间散发出青春和活力。

时间管理的最大成功，不是达成了什么了不起的大成就，而是让自己能更明晰时间的去向以及对事物的价值度有所衡量，并通过管理时间这一具体行动，让自己不再盲目焦虑，使时间利用最大化。

小贴士

1. 利用工具安排时间

人们习惯利用整块时间做事，进入状态非常缓慢，偶尔需要喝杯咖啡、看看新闻才进入状态。但可用的业余时间往往是零散的，假如不能抓住零散时间思考，那就更没时间了。所以可以下载阅读、记录、拍照笔记类的APP，方便自己在零碎时间把看到的、读到的东西及时地收集起来。

2. 高效专注地工作

碎片化时间使用起来与整块时间的效果差距较大，这时就需要专注工作。别因为身边的人说了什么话，就忍不住去聊几句，也别看各种提醒的信息，等到任务告一段落，再统一查看和回复，这样保证了做事的规律，也不会错过什么。

3. 每天只做1~3件事

选择越多，时间越多。每天只选择1~3件事情去做，辅以不懈地追求。或许你不会喜欢这样的限制，但是这种方法便于安排更重要的事情，比起很多事情一起做，可以让事情做得更出色。

把碎片化时间聚沙成塔

信息碎片化时代的来临，导致时间出现碎片化，在繁忙的工作之余、疲惫的生活之余，有一些没有安排工作、没有被计划、零散的、规律性较差的时间，就是我们所说的碎片化时间。信息时代，注意力也可以成为新一轮经济热点。这源于互联网技术和电子终端的普及，我们每天总是被海量信息包围，应对手机、电脑、平板、无处不在的广告带来的信息冲击，不管是热点新闻、娱乐八卦、学习培训，还是网络社交，都不断地牵扯着我们有限的注意力。上班、学习、社交、看新闻、刷朋友圈、娱乐休闲，不管是工作还是生活，即便在公交车上也

刷5分钟的朋友圈，好像永远有做不完的事情。虽然每天忙碌不堪，但收获不多，沉淀不够。人们的注意力不断被转移和分配，我们对时间的感知也变了，时间被碎片化了。

现代社会，已经进入信息碎片化时代，碎片化学习、碎片化阅读、碎片化生活日益成为热门话题。时间的碎片化改变了人们学习、工作和生活的习惯，对时间管理提出了新的挑战。

目前，比较火热的是国内最大的在线实用技能平台——某课堂。因为研究过现代人的时间碎片化，所以探索出知识付费这条途径。目前，该课堂拥有数万门课程，覆盖多门教学领域，旗下还分很多门类，有几十万个视频供人们学习，累计注册用户上千万。

这些学习视频主要是以效果导向为主要内容，针对现代人体验、移动学习、碎片化时间的特点来制作合适的视频，同时考量内容的结合，以降低用户进入学习的门槛，方便快捷，从而保障现代人的学习效果。

就在前不久，这个课堂还推出了新版本，在新版本中，课堂引入了书籍、文章、3~15分钟短视频等碎片化知识内容，将碎片化知识与系统性知识相结合，进一步降低了用户的学习门槛。

激活流失的碎片化时间，零存整取。试着去注意日常生活中的这些小碎片，把握住你的时间。时间碎片不能去创造也无法消除，时间块才是成事根本。不能因为时间碎片的“香”而

忘记解决温饱问题的是时间块，否则就会舍本求末。集中利用好时间块，有意识地去消磨时间碎片，会让你的时间管理锦上添花。

莉莉总是抱怨自己太忙，白天工作，加班是常态，晚上回家还要带孩子，完全没有自己可利用的时间；小董工作后打算自学英语，但除了工作根本没有大段的时间用于学习，时间总是这里挤一点、那里挤一点，完全没办法静下心学习；露西对未来感到很迷茫，生活的压力、提升自我的紧迫感、疲惫的身体、碎片化的时间、琐碎的事情，让她时常有一种不知所措的感觉。

碎片化时间有些是长期存在，如上下班的通勤时间，这是两个任务之间的缓冲缓解，这是客观形成的。还有部分碎片化时间是人为造成的，例如本来应该一小时完成的工作，但一会儿接电话、一会儿回短信、一会儿上厕所，结果一小时被人为地切割成小碎片，这不仅影响工作效率，还会让自己感到焦躁不安。

当然，对每个人而言，碎片化时间的存在有差异的，有人集中在白天，有人在晚上，有的甚至会出现周期性变化。但是，别小看这些小块时间，它们的可塑性是极强的，特别是那些人为制造的碎片时间，按照某种顺序或规律，完全可以组合成一段可以利用的时间。

时间碎片化是一种现象，但并非不可控。很多时候，我们

需要关注的是自己，而不是时间，管理好自己的注意力，才能更好地利用碎片化时间，按照个性需要，制定高效碎片时间利用策略，发挥碎片时间最大的价值。

小贴士

1. 碎片化时间对自己的意义

尽管碎片化的生活方式让我们变得焦虑不安，但需要适应并坦然接受。当然，利用碎片化时间的目的是使时间价值最大化，不过价值需求是因人而异。有人利用碎片化时间来放松心情、调节状态，有人用来学习知识，有人用来社交。所以，要明白碎片化时间对自己的意义，才有机会对其进行挖掘。

2. 分析碎片化时间

根据自己的实际情况，分析其分布规律，是早上、下午或晚上，或周末节假日。梳理好碎片化时间，安排自己在这些时间里做些什么，尽量避免其他事情转移注意力。假如短期的碎片化时间缺乏规律，那就拉长时间具体分析，找到其中的规律。

3. 利用好碎片化时间

我们需要避免人为制造碎片化时间，提高工作效率。在自己注意力最集中、效率最高的时间段做最重要的事情。可以在碎片化时间里看新闻、看视频、听音乐、在线听课，这些内容时间段、灵活性强，分阶段学习对效果影响较小。

让闲暇时间不再无聊

有人曾经做过一个分析，一个人的一生如果按72岁计算，其一生中睡觉占了20年，吃饭6年，生病2年，文体活动8年，工作14年，而闲暇时间有22年。在闲暇时间里，一个总是无事可做、浪费光阴，总是以消磨时间为目的去从事一些娱乐活动的人，在平常生活里几乎也是一个被动者，生活态度消极，抱着一种只想虚度光阴的态度。而有的人则会在闲暇时间将自己的生活打理得井井有条，利用碎片化的时间努力提升自己，去读书、旅行、看世界。在他们看来，每一天都是美好的、快乐的。事实上，别看家庭主妇每天忙忙碌碌，闲暇时间真的能抽得出来。

王太太和李太太都是家庭主妇，生活在同一个小区。

王太太周末将孩子送到父母家里，然后周五晚上熬夜追韩剧，周六睡到中午才起床，下午则去小区棋牌室打牌，赢钱就高高兴兴，输钱回家则乱发脾气。只要她一停下来就每天抱怨、自责、纠错，不是数落儿子读书不争气，就是嫌弃丈夫挣钱不够多，颇有一种怨妇的姿态。

李太太在闲暇的周末报了几个兴趣班，烹饪、插画、跳舞，这么多年她就是利用闲暇时间保持很多好习惯，早起还会晨跑一小时。中午的间隙，她更会选择看看书、喝喝茶、晒晒太阳。即便这样的时光很短暂，但她总能腾出时间做自己喜欢

做的事。为了让儿子对诗歌产生兴趣，她还学习《朗读者》在家里跟儿子朗诵起了诗歌，读起了散文。丈夫工作压力大，她会专门在网上学习一些简易的心理学课程帮丈夫减压。

大部分女人结婚生子之后，成为名副其实的家庭主妇。在好不容易获得的闲暇时间里，不是整天逛街追剧打麻将，就是聊八卦睡懒觉。玩过之后，她们总抱怨："生活无聊没意思。"之后还是会用这种方式来消遣闲暇时间，最后整个人都变得消极悲观，心情越来越焦躁。

林语堂曾说："要真正了解一个人，只要看他怎样利用余暇时光就可以了。"为什么人们提到家庭主妇，心中总是不屑，好像家庭主妇除了打理好家庭就没有别的事情了。事实上，大部分家庭主妇除了煮饭、带孩子、看肥皂剧之外，真的没有做对自己有益的事情，所以最终熬成了黄脸婆。

内勒·斯皮尔夫人住在纽约，她独自一个人住在一个三居室的套房里。当时，她的丈夫已经不幸去世，两个孩子都已经各自成家，只剩下孤独的她。

她闲来无事总想找一些事情做，有一次，斯皮尔夫人在一家药店的喷泉边吃冰淇淋的时候，无意中发现那个地方也卖烤制的小饼干，而且那些小饼干看起来并不怎么样。斯皮尔夫人心想：自己为什么不趁着空闲的时间做一些小饼干来卖呢？斯皮尔夫人走过去询问那位经营者，是否愿意购买自己制作的小饼干。结果，那个经营者订制了两份。

斯皮尔夫人住在佐治亚的时候，因为家里请了佣人，所以她亲手做的饼干估计还不到12块。不过，当这位经营者订制了两份饼干之后，斯皮尔夫人决定重新学习做饼干，她开始向邻居请教如何做苹果派。当斯皮尔夫人做好之后，她开始送到喷泉那里去卖，当那些来喷泉边上玩耍的顾客高兴地品尝过她第一次制作的苹果派、柠檬派之后，第二天就有人订了5个。之后，那些订单源源不断，斯皮尔夫人非常繁忙，她找到了一件有意义的事情，她感觉自己不再孤独。

在不到两年的时间里，斯皮尔夫人制作饼干的手艺大增，她可以一个人在自己家的厨房里每年烤制5000个饼干。当然，她的收入也是可观的，她的本钱不过是做饼干的一些面粉，其他都没怎么花钱，而她一年的收入高达1000美元。

斯皮尔夫人感觉自己一生之中从来没有这样开心过，由于她自制的水果派的需求量越来越大，最后还开了一个小店，她请了两个女孩子来店里帮忙：做派、蛋糕、面包、面包条等。甚至在战争期间，人们都会排着长队来买斯皮尔夫人做的食物，有时还需要排上一小时的队才可以买到。

每天，斯皮尔夫人在自己的小店里待上12~14个小时，不过她从来不会感觉到辛苦，因为喜欢，所以觉得这根本不算工作，这只是一种全新的生活。斯皮尔夫人觉得自己只是做了一些小小的事情，当人们吃到自己做的饼干会感觉到快乐，这就足够了。因为经常忙着店里，斯皮尔夫人从来不会感觉到孤

单，根本没有时间去烦恼和忧虑。忙碌的工作弥补了斯皮尔夫人失去丈夫和孩子不在身边的空虚感，当然，她现在非常享受自己的生活。

对于那些厨艺比较好的妇女是否可以像自己一样利用空闲时间，采用同样的方式挣钱，斯皮尔太太是非常支持的。她说："她们也可以，她们当然可以这样去做。"试想，每个城镇都有无数个像她这样的妇女，假如可以利用自己的厨艺挣钱，不仅贴补了家用，而且还积累了财富。

爱因斯坦说："人的差异在于业余时间，业余时间生产着人才，也生产着懒汉、酒鬼、牌迷、赌徒。由此不仅使工作业绩有别，也区分出高低优劣的人生境界。"家庭主妇需要注意，生活的态度决定了生活的品质，即使在闲暇时间，也需要用心经营。生活品质的好坏，不在于生活有什么，不在于生活是否忙碌，而在于你是否用心地生活。

家庭主妇懂得在闲暇时光，不断丰富自己、提升自己。让自己增长见识，会拥有更快乐、更美好的人生。世界上整日困于家务的女人有很多，但懂得在闲暇时间追求上进、努力丰富自己的女人拥有更积极乐观的生活态度。

小贴士

家庭主妇的幸福诀窍：

1. 打理温馨的家

无聊的时间，不妨行动起来，把家收拾得干净一些、温暖

一些。在窗台放一瓶花，让桌子干净一些，让屋里整洁一些，不管是你的家人还是你自己，都会有一种很踏实、很温馨的感觉。

2. 注意形象

就算是家庭主妇，最起码定期为自己换个发型，即使你不去理发店，你也可以尝试很多发型，例如长发的可以选择顺直的长发、妩媚的卷发、利索的盘发等。换个发型，会让你看起来更有魅力。

3. 至少精通一门手艺

除了照顾家庭和收拾家里，不要觉得时间无聊漫长，学习一门手艺，绣花、泡茶、种花等，你会觉得时间很宝贵。

4. 修炼烹饪技术

每天在家研究一下美食，研究一下适合家里人体质的美食，一来对家人的身体好，二来家里人能吃到健康美味的食物，三来打发一些闲散时间。可谓是一举三得。

5. 帮助孩子制订计划

可以根据孩子的学习情况，帮助孩子制订每个学期的学习计划，例如把哪门功课提高上去，比去年名次应该提升几名，等等。不要觉得家庭主妇除了洗衣做饭拖地就没事干了，孩子的学习，是家庭主妇必须承担的责任。

6. 别忘记保养自己

尽管家庭主妇不需要精心打扮，但是素颜更需要保养，身体的保养，以及皮肤的护理。每天做几款保养身体的靓汤，做

些天然的面膜，身体保养、皮肤护理等，自己动手，既经济又安全，还能学到很多知识。

7. 提升自己

不管多大岁数，读书都能够提升自己的文化底蕴，提高自己的内在气质与做人的基本修养。不要觉得读书不能带给自己现实中的实惠，读书所带来的气质是任何金钱都买不到的，也是任何化妆品、金银首饰、名牌衣服包装不出来的。

利用业余时间从事第二职业

利用那些碎片化时间，还能够成就斜杠青年。斜杠青年出自《纽约时报》专栏作家麦瑞克·阿尔伯撰写的书籍《双重职业》，指的是一群不满足“专一职业”的生活方式，而选择拥有多重职业和身份的多元生活的人群。现代社会，斜杠青年越来越流行，已渐渐成为年轻人热衷的生活方式。

例如，阿卓的本职工作是程序员，休息时成为笔耕不辍的作家，周末还能化身变出一桌美味菜肴的营养师，这种“程序员/作家/营养师”的多重身份，就是对斜杠青年的完美诠释。社会进入后工业时代之后，服务业成为最大的产业，不仅仅涉及生产，交换的大多为个人技能、知识和时间，个人成为独立的服务提供商，而互联网的发展又为此提供很好的支撑，帮助供

需方解决信息不对称问题，让大部分技能拥有者摆脱机构的束缚，直接为用户提供服务。

2016年，在美国，自由职业者的比例已超过5300万人，希拉里在演讲时说，美国自由职业者占职场数量的三分之一，并有望在2020年达到二分之一。据统计，美国在2014—2015年，远程工作数量就增长了27%，每5个人中就有2个是在线上完成了工作。在未来的职场中，员工可能大部分都成为自由职业者，而非受雇于单一一家组织，而这一现象在目前已并不鲜见。在互联网发展突飞猛进的今天，技术帮助供需双方解决了信息不对称的问题，使得人们的角色变化更为便利。

斜杠青年的出现，颠覆了单一雇佣制的劳动模式，让人力资源流动起来，达到充分且可重复的利用。在平时生活之余学习新知识的群体越来越多，他们对于生活品质的要求和期待，远高于父辈，更愿意尝试自己真正感兴趣的工作，而非仅找一份养活自己的饭碗。

你的目标是支撑你行动起来的动力源泉，一个好的目标是可实现、可量化、可执行的，将全年的计划分解为月计划、周计划和日计划，并对应量化。例如除了本职工作希望成为作家，那每天阅读不少于1小时，写作不少于1小时。明确目标，还需要确定目标的优先级，将最好的时间段和精力用来完成最想完成的目标。然后分析一下可利用的碎片化时间，上班比较晚，每天只要坚持早起就肯定有个人时间；公司离得比较远，

单程通勤30分钟，路上的时间就是可利用的；下午6点下班，到家后除了吃饭、做琐碎事情还是有可利用的时间。

确定碎片化时间，然后将自己的目标与可利用的时间进行匹配。早上，人头脑清醒、精力充沛，然而早上的时间也很宝贵，偶尔起晚了或者做什么事情慢了就会影响上班，若有充足的时间可运动30分钟；通勤的时间较长，但是可利用的时间有限，受场地限制能做的事情也有限，时间质量较差，可做碎片化阅读；下班后的时间相对比较充裕，晚上也比较适合沉静下来处理事情，然而工作了一天，这时候的精力状态往往欠佳，可先运动再进行写作或阅读。

当然，如何通过碎片化时间成就斜杠青年，归根结底，还是需要利用好时间，在有限的时间内完成想做的事，这其实是在时间管理前先做好目标管理。

小贴士

1. 先做好本职工作

正所谓商而优则仕，唱而优则演，斜杠青年开辟第二领域的前提，是本职工作做得足够出色。这样才能保证有足够的时间、金钱和精力，去拓宽视野、学习知识、练习技能。

2. 突破行业壁垒

一个人的时间与精力有限，如果每个领域都来一遍不现实。一方面，可以用同一个能力叩开不同领域的大门，如果你文字功底很好，那么可以有作家、编辑、编剧、自媒体等多种

选择；另一方面，可以把不同的价值提供给同一批人，如果你在电影评论圈小有名气，那么可以顺便讨论一下音乐或者电视剧。

3. 做感兴趣的事情

每一个领域的切入应该是兴趣导向，而不应该是金钱导向，尤其是对于新领域的新技能仍不熟悉的时候。技能需要慢慢打磨，经验需要点点累积。万事开头难，在开拓新领域的初期，将有一个不赚钱甚至是“赔钱”的开始，只有自己对这一领域有兴趣，才能使自己坚持到收获价值回报的那一天。

最大限度利用空闲时间

在生活中，尤其是职场人士，每天的日程表都被安排得慢慢的，需要很早起床，因为做早餐是他们一天的第一项工作，还要收拾餐具，然后再匆匆地跑出家门。在单位里熬了8小时之后，还要拖着疲惫的身体回家，但是依然不能休息，因为还要做晚饭、收拾房间，有时还要洗衣服。可以说，职场人士算是世界上最忙的人，在他们的时间观念里根本没有闲暇时间这个概念。

舒曼以前是一个工作狂，很早就去办公室，一直工作到晚上七八点，晚上回去还得加班加点。周末也不会待在家里，而是去办公室加班，她有一种感觉，只有待在办公室才有踏实感。

后来，她因为工作太劳累而身体吃不消，公司高层便将她调到一个相对而言闲一些的部门。这一下子让舒曼非常不习惯，平时上班还好，一到周末就开始恐慌，该怎么过呢？刚开始舒曼还偶尔约朋友来家里吃饭，然后一起聊聊天。但是朋友也有自己的安排，等到舒曼一个人在家里的时候，她便无所事事，早上睡到中午，然后看一下午的电视剧，或者看看小说。日子对她而言，总是过得很慢，也无比煎熬。

后来，舒曼交了做健身教练的男朋友。由于男朋友比较喜欢运动，便把舒曼也带动了起来，她每天到健身房打卡报到，运动一小时，周末则跟男朋友去附近的地方玩，摄影、赏花、游玩，周末的时间过得忙碌而又充实。舒曼感觉通过这样的生活，让自己的身体得到充分休息，每周的工作也更加有效率。

后来，舒曼与男朋友分手了，但这并不妨碍她计划好自己的周末，依然会选择健康的生活方式，自己烧一顿丰盛的午餐。有时候也会一个人在家里听着音乐、看看名著，生活过得无比惬意。

你是否觉得每天都有很多细小的事情要做，却又不知道该如何开始？一件工作分配给你，你总是到了快到交工作时忙得焦头烂额？你是否经常在下班回家路上才想起工作没做呢？于是，你把工作带回家做，搞得生活与工作严重交叉，压力更大。

有一次，卡耐基决定去巴黎拜访一位很多年没见的远房表姐。在卡耐基12岁的时候，表姐就远嫁到巴黎，他们已经很久没见面了，所以当表姐在巴黎见到卡耐基时非常高兴，嘱咐仆人好好招待他。不过，令卡耐基感到奇怪的是，表姐有了很大的变化，她消瘦了很多，而且整个人看上去没什么精神。卡耐基希望能与表姐聊聊，她最近都在忙些什么。不过，表姐似乎并不想与他聊天，她看起来是那么得忙，好像卡耐基的突然到来令她有些措手不及。

当时，卡耐基到巴黎已经是傍晚了，表姐正打算出门，简单招呼之后，表姐就说："戴尔，你先在家里休息一下，我现在必须得走了，因为我要赶着去参加一个非常重要的课程。"卡耐基只好答应下来，表姐则匆忙出了家门。

吃过晚饭之后，卡耐基和表姐家的仆人聊天，并询问仆人："表姐最近过得怎么样？"老仆人告诉卡耐基："她最近过得很累，因为你的表姐夫之前丢失了一份好工作，现在她不得不和丈夫一起承担养家糊口的责任。虽然她平时不需要做家务，但是她会利用每一分每一秒去赚钱，刚才她就是出门去给小女孩上钢琴课。"听到这样的话，卡耐基很吃惊，问道："难道她就没有时间来休息吗？"老仆人叹口气："她非常繁忙，假如一个人可以不睡觉，我想她会24小时都在工作。"

听了老仆人的话，卡耐基总算明白表姐为什么变化那么大了，原来一切都是忧虑而导致的，最终的源头在于没有多余的时间来休息。

亚里士多德曾说："人唯独在闲暇时才有幸福可言，恰当

地利用闲暇时间是幸福生活的基础。”确实，闲暇时间对于我们每一个普通人而言是至关重要的，尤其是对于职场人士。精神科主治医师约翰·克雷曾说：“人的精神如果总是处于紧张状态的话，很容易导致各种精神疾病的产生，而合理充分地利用闲暇时间则是缓解精神紧张的最佳方法。”

随着社会环境的变化，人们面临的生存压力也越来越大，因此很多人开始忽视闲暇时间。他们把享受闲暇时间看成一种浪费生命的行为，认为那种做法会让自己陷入困境。实际上，为了能够适应整个社会环境，人们必须学会给自己减压，也必须让自己得到放松。否则，压力会让你精神衰弱、情绪紧张，继而会剥夺你的快乐和幸福。

小贴士

1. 制订一天时间表

每天需要空出15分钟制订当天的时间表：写下自己要完成的这一天的任务；给这一天的任务确定时间顺序；预计每件事情所需要的时间；给每件事情分配时间；把每件事情都填入时间表，提醒自己某个时间段应该做什么。

2. 接听电话的技巧

如果在接听电话时不注意技巧，也很浪费时间。例如，避免太多关于工作以外的闲谈；及时地用笔和纸记下重要的东西；准备好说什么；给出确切的答复；不要在做非常重要的事情时打电话；认真听电话的详细内容。

3. 注意电脑资料的整理

假如使用电脑不当，也会容易浪费时间。在系统中创建工作文档；把需要长期保存的文档移入合适的文件卡，及时删除不需要保存的文件；在桌面上创建快捷方式，便于直接进入工作文档。

4. 制定待办工作清单

制定待办工作清单，例如每天待办清单，项目待办清单，长期待办清单。这样可以帮助你分配个人的精力，帮助你更有效地规划一天，从而使你事半功倍，目标明确。

5. 防止别人的打扰

遵守“办公室保持安静”的原则，防止同事找你无休止地聊天、闲谈而浪费双方的时间。当你正在构思一个重要方案、计划，或者与重要客户打电话时，可以关上办公室的门，这样可以防止别人的打扰。

第 9 章

能量管理，积极状态是做事的动力

生活中，我们如何最大限度地利用时间？那就是在能量最充足的时候做事，花费时间应该是最少的。那么，若想做好时间管理，不妨先做好能量管理。通过能量管理，保持热情、积极的状态，更容易把事情做好。

你拼尽全力了吗

一个人或是一个企业，无论是做人、做事、做产品一定要做到精益求精，好的同时还要求更好，只有这样机遇才可能垂青于你，成功才可能离你越来越近。一个人做自己要做的事应该有这样的态度：要么不做，要做就做最好。对成功的期盼来自四个字——精益求精，这就是渴望取得成功这一心理的根源所在。正如温斯顿·丘吉尔所说的："唯尽善尽美者为上。"

尽管我们不能把每件事情都做到尽善尽美，但在做事的过程中一定要精益求精。做事精益求精，不但能够提高自己成功的概率，还可以使自己的才能迅速获得进步，学识日渐充实，最终提升自己的人生品位。虽然我们只是普通人，但我们要站得更高一些，这样，人生的视野才会更开阔，才会树立起大局意识，遇事便能够站在理性的角度去考虑，从而把事情做得更好。

一个人不经过做事的历练是成不了大才的，这是一条真理。一个平庸的人永远不会把事情做到最好。一个人若只用平庸的标准来要求自己，却又想名垂千古——这不是痴心妄想吗？世上最有成功希望的人，无不有着勤劳自信、精益求精的可贵品质。在做任何事情的时候，如果养成马马虎虎的习惯，那么所有的能力、天分、智慧、独创力都很难发挥作用，并且

还可能将会因此而逐渐消失。做事严谨、精益求精的人，不管走到何处、做什么事情，都可能受到别人欢迎。

一件精美的玉器，就是雕琢玉器者的个人品牌。顾客拿到这件精美的玉器，就会联想起雕琢者精益求精的工作态度。这时，顾客“爱屋及乌”，就会由对精美玉器的喜爱，转移到对雕琢者的崇敬。你也许并不经营商店，但出自你手的每一个零件、每一首诗、每一个方案，都是你的“商品”。你不应该容忍在自己伟大的生命织锦中，存在低劣易断的丝线。你所做的一切都应该代表着优秀，代表着卓越，应该让所有的人知道，你的作品不是漫不经心的潦草之作，而是完美的杰作——无论是你自己，还是别人，都不可能做到比这更出色。

不管从事哪种职业，你都应该尽心尽责，尽自己的最大努力，求得不断的进步。换句话说，尽善尽美应该成为我们孜孜以求的目标。只有这样，追求完美的念头才会在我们的头脑中变得根深蒂固，在人生的各个方面体现出来。无论从事什么职业，都应做到尽善尽美。

尚可的工作表现人人都可以做到，只有不满足于平庸，才能追求最好，你才能成为不可或缺的人物。没有人可以做到完美无缺，但是，当你不断增强自己的力量、不断提升自己的时候，你对自己要求的标准会越来越高，这本身就是一种收获。

小贴士

1. 做事认真、迅速周到

随便你去问哪一位雇主，他们都会告诉你，如果他要提拔一名员工，他肯定会挑选做事认真迅速、考虑周到的人。他们绝不会看中那些拖拉懒惰的人。人类的历史，充满了因为苟且与不小心而造成的种种悲剧。失败的最大祸根，就是从小养成敷衍了事的习惯，而成功的最好方法，就是把任何事情都做得精益求精、尽善尽美，让自己经手的每一件事，都贴上“卓越”的标签。

2. 追求卓越

追求卓越像是一块坚强厚重的磨石，它会砥砺你，把你的工作带到最完美的境界。也许十全十美永远难以企及，但是，只要你在不停地追求，你就不会在原来的起点原地踏步。超越平庸，接近完美，这是一句值得每个人铭记一生的格言。有无数人因为养成了轻视工作、马马虎虎的习惯，以及对手头工作敷衍了事的态度，终致一生处于社会底层，不能出类拔萃。

3. 以高标准要求自己

从平庸到优秀只有一步之遥，但有的人终其一生也无法跨越。只有当你确定了追求优秀的目录，你才能接下来做到如何卓越。有了尽最大的努力把事情做好的志向，不断对自己提出严格的高标准，你就会赢得别人的尊敬，做出令人吃惊的成绩。

走出三分钟热度的怪圈

在人类历史的长河中，多少卓有成就的人都是这样成功的。宋代司马光编写《资治通鉴》，历时19年才截稿，那时他已经老眼昏花，不久就去世了；明代李时珍撰写《本草纲目》，几乎跑遍了名川大山，收集大量资料，耗费了整整27年的时间，才铸就了这部名著；谈迁花了20多年的时间才完成《国榷》，不料完成之后书稿被小偷盗走了。无奈之下，他又开始重新撰写，用了8年的时间才完成。这些例子足以说明，无论做什么事情，只有持之以恒、呕心沥血、竭尽毕生的精力，才能达到成功的巅峰，若只有三分钟热度，那最终你只能一事无成。

有人问著名的组织学家聂弗梅瓦基为什么一生都在研究蠕虫的构造，聂弗梅瓦基回答说：“你可知道，蠕虫这么长，而人生却这么短。”的确，一个人的生命是有限的，而科学研究是无止境的。简而言之，如果你想获得任何一项事业的成功，就必须持之以恒，甚至付出毕生心血，对于成功而言，恒心就是力量。

古人云：“事当难处之时，只让退一步，便容易处矣；功到将成之候，若放松一着，便不能成矣。”在生活中，有很多事情，并不是仅仅依靠三分钟热度就可以做好的，也不是一朝一夕就能做到的，而是需要持之以恒的精神，我们必须付出时间和代价，甚至是一生的努力，当然，在这个过程中，我们需要忍耐、坚持、再坚持，等待机会和成功的来临。

那些做事只有三分钟热度的人，他们似乎还没有真正进入角色，有些人甚至对做事很不耐烦，他们的三分钟热度就好像是一种预警，预示着他们会放弃，或者被社会淘汰，在更多的情况下，他们往往会在东奔西跑中一事无成。

小贴士

1. 坚持到底

生活中，那些“三分钟热度”的人尽管接触了不同的工作，涉及了不同的行业，但最终他们不会做成任何一件事情，他们只是在寻求新奇的过程中获得了满足。相反，那些只做了一件事情，并坚持到底的人，他们在某个行业或某个领域达到了一定的高度，才是真正的成功者。

2. 控制自己的激情

做事不能只有三分钟热度，而是需要在保温中加温，需要持之以恒，这样才能有所为有所不为。现代社会，不少人在刚开始工作时满腔热血，但时间久了就慢慢地懈怠了，最终一事无成。其实，工作不是仅仅依靠热情就能做好的，它更需要在保温中加温，坚持，坚持，再坚持，而不是三分钟热度，只有做到了这样，你才是真正的职业人。

3. 学做“龟兔赛跑”里的乌龟

我们都听过龟兔赛跑的故事，在生活中，也会出现“龟

兔赛跑”的例子，有的人成了爱睡觉、对事情三分钟热度的兔子，他们总是情绪不稳，一会儿想要夺冠，一会儿想要偷懒，结果造成三分钟热度的现象。而有的人则成为慢腾腾的乌龟，虽然跑得比较慢，但他们的情绪和心态都比较稳定，抓住了一个目标就认真地去完成，这样反而适应了社会的规律，最终夺冠。

做自己喜欢的事就是动力

上天赋予每个人不同的个性，也给了每个人不同的兴趣爱好，可是有些人偏偏忽略了这一点，盲目跟风、无目的地效仿，看到别人成为钢琴家，自己也盲目地学钢琴；看到别人在画画上有所造诣，自己也去跟风，结果做什么都是半途而废，都以失败而告终。

每个人都有自己的兴趣，做自己喜欢做的事情，这是每个人的梦想，同样，按照自己的兴趣爱好去做，最终也会得到一个很好的结果。其实，每个人都是一块金子，每个人都是一块尚待挖掘的宝藏，就看你是否具有一双慧眼，就看你是否勤奋，能够发现、挖掘出自己的价值，让自己的人生耀眼夺目、与众不同。

所以，千万不要逼迫自己去做不喜欢的事，把握好自己的

兴趣，在该做出选择时不要犹豫，将你的精力消耗在你喜欢的事情上，你不仅会拥有很大的动力，同时会让你爱上你所做的事。

因为喜欢，你会感觉前方的道路水阔天高；因为喜欢，你会感到浑身充满动力；因为喜欢，你会尽情地享受自由与快乐。也正因为这样，你在做事时会觉得得心应手、顺理成章、事半功倍。

小贴士

1. 找到感兴趣的事情

一些缺乏发掘能力的人，不知道自己的兴趣究竟是什么，他们自惭形秽、妄自菲薄，认为自己天生就是庸才，注定一生都要碌碌无为。其实，真正的原因是他们没有找到自己的兴趣所在，没有很好地挖掘自身的潜力，过于盲目、武断地判断自己的价值。

2. 做自己感兴趣的事情，态度更积极

不可否认，一个人在事业上取得的成就大小与兴趣是有很大关系的。如果你做自己一直喜欢做的事，你的内心便会充满愉悦与快乐。因为做自己喜欢的事才是幸福的，这样的幸福不用你做任何思想斗争，不用你去考虑任何不必要的琐碎事情，同时，它也不是你刻意追求的结果，因为它是自然而然地在做事的过程中产生的。

从兴趣入手更容易出类拔萃

很多人之所以无法取得成功，最重要的一个原因，就是不知道自己最擅长的是什么。不了解自己的长处，又怎么能够取得成功呢？事实上，社会分工日益细化，而对人才的标准则越来越专业化、越来越细化。一个看似微不足道的行业，也大有一番学问，远不是那种了解一点就能驾驭的职业。所以，面对众多职业取舍的前提是舍弃“百招全”，而选择“一招鲜”，只要你精通技艺，一定会“吃遍天”。

莎士比亚曾说：“对自己要真实，如此，你就可以永远呈现出最美的面孔。”这就是说，你只有做自己感兴趣的工作，才能够有所进步，并达到事业的巅峰。否则，将逆水行舟，不进则退，最终难成辉煌。我们在一些成功人士的身上细细观察，就会发现他们的事业和自己的兴趣总是紧紧联系在一起。正是因为这一点，他们总能对工作怀着无限的热情和喜爱，并全力以赴地为之奋斗和付出。郎费罗说：“成功的奥秘没有别的，只不过是从事自己所爱的工作罢了。不论做什么，都要从自己的兴趣入手，才会让自己变得出类拔萃。”

三百六十行，行行出状元。其“状元之才”之所以能够浮出水面，为世人称颂，就是因为他发挥了自己的特长。每个人都有自己的长处。如果我们能够静下心来，认真去寻找，就一定能找到。自己的长处是帮助自己实现成功的最好工具。如

果一个人对自己的长处了解不够，他就永远休想有所建树。反之，如果找到自己的长处，就会挖掘出自己无限的潜能，更容易取得成功。

军和东是一对形影不离的好朋友，军动手能力强，而东脑袋灵光。军平时很喜欢动手做事情，也非常擅长技术领域，喜欢钻研机械，修各种机器，不管是什么机械类的东西到他手里都能修理得完好如初，简直是天生的机械师；而东则不喜欢动手，什么也不喜欢干，他擅长读书，而且记忆力超群。高中毕业之后，东已经阅读了数百本专业书籍。尽管两个人兴趣不同，但这并不妨碍他们成为好朋友，每当军在修理一些小东西的时候，东则会在旁边读喜欢的书籍。

两个人擅长的东西不一样，但对彼此都很敬佩。大学毕业后，军和东发挥各自的特长，后来都很成功。军发挥手巧的特长，成为一家公司的技术总监；东发挥心灵的特长，成为投资大师。

如果东选择了做技术，而军表示想学做投资，那么他们可能都不会太成功。每个人都各有所长，但成功的关键并不在于你有多少特长，而在于你能不能把你最擅长的技艺发挥到最高的水平。这就是“一招鲜，吃遍天”所直接体现出来的现象，职业也是一样的道理，事业的成功不在于你有多少种熟知的技艺，而是在于你能不能把你最精通的技艺发挥到极致，这样你才能取得最后的成功。如果你仅仅是每一样技艺都沾点边，无疑很难取得成功，而且一路上你也会走得异常艰难。

小贴士

1. 成功者在于发挥自己的长处

成功者之所以成功，就在于发挥了自己的长处；失败者之所以失败，因为他可能一生都在从事自己不擅长的事务，以致天赋全被埋没。人的兴趣、才能、素质也是不同的。如果你不了解这一点，没有把自己的所长利用起来，你所从事的行业需要的素质和才能正是你所缺乏的，那么，你将会自我埋没。反之，如果你有自知之明，善于设计自己，从事你最擅长的工作，你就会获得成功。

2. 只做擅长的事情

一个人做自己擅长的事，是获取成功的一件法宝。每个人在年轻的时候都会立大志，但不是每个人都能当科学家、发明家。培养一技之长，一步一步去累积自己的个人资源，才是成大事的必由之路。许多成就卓越的人士，他们的成功首先得益于充分了解自己的长处，根据自己的特长来进行定位或重新定位，最终找准真正属于自己的行业。

第 10 章

精力管理，其实你不必那么累

说到时间管理，不得不论的是精力管理。生活中，我们常常有这样的感觉，不是没有时间而是没状态。例如想工作，但感觉整个人没精神，不在状态，压根不想工作。其实这都是缺乏精力管理造成的。

好好休息，才能保证充沛的精力

人的一生有三分之一花在睡眠上，但是没有人明白睡眠到底是怎么回事。众所周知，睡觉只是一种习惯，是一种休息状态。不过，我们并不清楚每个人每天需要睡几小时，更不明白每天我们是否非要睡觉不可。不过，假如我们不幸失眠，那又该怎么办呢?

一个人的睡眠时间是不确定的。例如，著名指挥家托斯卡尼尼每天晚上只睡5小时，而柯立芝总统每天却要睡11小时。或者，我们可以理解为，托斯卡尼尼用了自己人生五分之一的时间来睡觉，而柯立芝的人生几乎有一半的时间在睡觉。

李先生每天的睡眠质量很不错，每天晚上按时入睡，可以一直睡到第二天早上，早上还不愿意醒来，哪怕闹钟也吵不醒他，结果他常常赶到公司就面临着迟到。就这样，李先生面临着领导发出的最后警告："如果你再迟到，当心我炒了你的鱿鱼。"

怎么样才能早点起床呢?李先生很是苦恼，这时身边的朋友出主意说："如果你怕早上听不到闹钟响，那不妨睡觉时把全部注意力放在闹钟上。"李先生觉得这个方法听起来不错，于是，睡觉时他就开始注意闹钟，因为全神贯注，所以能听见

闹钟“嘀嘀嗒嗒”的声音，思绪被无限放大，这让李先生根本无法安然入睡，他只能翻过去翻过来，焦躁不安。这样的情况一直持续到第二天早上，李先生根本没办法起床。

在这之后的两个月，李先生从一个睡眠质量很好的人成为一个遭受失眠折磨的人，他每天精神憔悴，根本无法好好工作。越是想着工作，越是睡不着，情绪很糟糕的时候，李先生恨不得一头撞死。

再也不想遭受失眠的痛苦了，李先生只有向心理医生咨询。听了李先生的情况，医生说：“其实，失眠这件事只能靠你自己去克服，去改变。但是，你在遭受失眠困扰的时候，不要想着我在失眠，别放大失眠带来的焦虑感。你可以暗示自己，不管是否能睡得着，哪怕我只是睁着眼在床上躺一晚上，我也可以很好地休息一晚上。”听到了医生的建议，李先生点点头，回家后按照医生的建议做了。结果不到半个月，李先生就可以好好地睡一觉了。

一个月之后，李先生重新恢复到每晚七八个小时的睡眠时间，当然，他再也没有失眠过。

在生活中，或许我们能够很长时间不进食、不饮水，不过却没办法永远不睡觉。当一个人完全筋疲力尽之后，即便是在打雷或战争的恐怖和危险之下，也可以安然入睡。

著名的神经科医生佛斯特·肯尼迪博士说：“1918年，英国第五军撤退的时候，我见到那些在战场上耗尽力气的士兵随地倒下，睡得简直跟昏死过去一样。尽管我尝试着用手撑开他们的眼皮，他们依然拒绝醒来，我发现每个士兵的眼球都在眼眶里向上翻起。”

佛斯特·肯尼迪博士教给大家一个方法：当失眠的时候，将眼球在眼眶里向上翻起，结果不到几秒钟的时间，你就会开始打哈欠，沉重的睡意袭来，这简直是一种自己没办法控制的神经自动反应。

小贴士

下面是一些治愈失眠症的方法，虽然不能保证百分之百治愈，但至少可以缓解失眠症。

1. 放松你的肌肉

大卫·哈罗·芬克博士在其著作《消除神经紧张》中提出和自己身体交流的方法。他指出，语言是一切催眠法的关键，当你失眠时，不妨对自己的身体肌肉说“放松……放松”，这样你就真的能从失眠的沼泽中解脱出来。大家都知道，当肌肉紧张的时候，你的神经就会保持紧张。一个失眠的人，想要摆脱失眠进入梦乡，那就从放松肌肉开始。然后，将几个小枕头垫在手臂底下，让自己的下颌、眼睛、手臂和双腿放松，这样就会在不知不觉中进入梦乡。

2. 让自己感到疲倦

当一个人感觉很累的时候，自然容易入睡，即便是在走路，大自然也会强迫你进入梦乡。所以，假如你让自己变得

疲惫不堪，那就很容易进入梦乡。德莱赛年轻的时候，是一个为生活奔波的作家，他曾经为失眠而烦恼。为了治愈失眠，他想办法让自己变得疲惫，他去种花、游泳、打网球、打高尔夫球、滑雪……后来，他去纽约中央铁路公司找到一份铁路工人的工作，就在他做了一天打钉和铲石子的工作之后，他就累得不行了，甚至来不及将晚饭吃完就睡着了。

你真的会休息吗

防止疲劳和忧虑，在你感到疲倦之前就应该休息。哈佛医学院的华特·坎农博士解释说："绝大多数人会觉得人的心脏每天不停地跳动，其实，心脏在每次收缩之后，会完全安静一段时间。当心脏按照正常速度每分钟跳70下时，它一天的工作时间仅有9小时，即它一天休息的总时数为15小时。"而一个人身体疲劳积累的速度是异常快速的。

你能想象吗？英国首相丘吉尔在第二次世界大战期间已经60多岁了，但却能够每天坚持工作长达16小时，不知疲倦地指挥着英军每一天的作战。或许，你会觉得疑惑：这样一位老年人难道不会感觉到疲倦吗？如果你看了他一天的时间安排，就会知道理由。丘吉尔可以从晚上工作到早上，上午11点起床，然后看报纸、口授命令、打电话甚至在床上召开会议。中午吃完午餐之后，小憩一小时，之后就会一直工作，傍晚睡两小时之后，8点开始吃晚餐。

丘吉尔会感到疲劳吗？当然，他所需要做的不是消除疲劳，因为他根本不用消除疲劳，他已经有效防止了疲劳。当他需要承担大的工作量时，他会经常休息，所以他可以一直工作到深夜。

爱迪生曾说：“我有无穷的精力和耐力，都因为我有随时入睡的习惯。”亨利·福特八十大寿的时候，看起来精神非常好，他告诉人们自己的秘诀是：“我可以坐着的时候，我从来不站着，我可以躺着的时候，我从来不坐着。”何瑞斯·曼被誉为现代教育之父，他年纪大了也是这样做的，在他担任大学校长的时候，他就经常躺在一张长沙发上与学生进行谈话。

在现实生活中，或许你无法像爱迪生或山姆·高尔温那样在办公室睡午觉，因为你不过是一个打字员；或许你无法躺在沙发上与上司讨论账目的问题，因为你不过是一个会计。不过，假如你住在一个小城市里，而且每天中午有回家吃饭的习惯，那你饭后可以在家里睡觉10分钟。

泰勒的实验证明了一个道理：从事体力劳动的人，假如休息时间足够多的话，每天就能够做更多的工作。假如你每天没办法在中午休息，那至少在吃晚饭之前躺下来休息一个小时，想必这是非常容易做到的。仔细计算起来，这比吃饭前喝一杯酒容易很多，不过其产生的效果却是喝酒的5467倍。假如你可

以在下午五六点之前，或者七点左右休息一小时，那你就能够在生活中每天增加一小时的清醒时间。理由是，晚饭前睡的一小时，再加上晚上的6小时，一共就是7小时的睡眠，这样做的益处比连续睡8小时多得多。

休息并非绝对的什么都不做，休息就是修补。即便是很短暂的休息，也会对身体的疲惫有较强的恢复能力。或者说，即便是只睡5分钟，也可以帮助我们消除身体上的疲惫。真正疲劳之前先休息，这样能够使我们每天清醒的时间多一小时。

小贴士

1. 善于休息

古今中外，诸多卓有成就的人，他们都是因为善于在疲惫之前休息，所以可以保持强劲的精力。伊莲娜·罗斯福，曾任白宫第一夫人12年，她每天都要应付许多烦琐的事情。不过，她休息的方法就是，每次接见一群人，或是需要发表一次演说之前，她都会坐在一把椅子上或者沙发上，闭眼休息20分钟。

2. 哪怕休息5分钟

棒球名将康里·马克在每次参加比赛之前，假如不睡午觉，那他到了第5局就会感到疲惫不堪。但是，假如他中午睡午觉，哪怕只睡5分钟，那他就不会感到疲劳，即便有加时赛也是如此。

3. 中午休息10分钟左右

金·奥特里是世界著名的骑术名将，他在麦迪逊广场花园有一间私人休息室。几乎每天下午，他都会在休息室躺一

会儿，所以在他的休息室里放了一张折叠床。当他需要连续表演两场的时候，他就会在中间休息一小时。他过去在好莱坞拍电影的时候，经常坐在一张很大的软席椅上，每天睡两三次午觉，每次睡10分钟，结果奥特里每天都可以保持绝对的精力充沛的状态。

掌握最高效的休息方式

法国作家大仲马说："人生是一串无数的小烦恼组成的念珠。"在日常生活中，烦恼、怨恨、悲伤、忧愁或愤怒等不良情绪都是常见的情绪反应，这些都容易成为人们的典型情绪。人生闷气的时候，实际等于整个人都陷入了不良情绪之中，容易产生孤独感和抑郁症，缺乏积极进取的精神气。总而言之，生闷气让一个人变得郁郁寡欢，因此，我们需要寻找让自己放松的方式。

培根说："无论你怎样表示愤怒，都不要做出任何无法挽回的事来。"美国前总统林肯如果在外面和别人生气了，回到家里就会写一封痛骂对方的信，当家人第二天要为他寄出那封信的时候，林肯会极力阻止："写信时，我已经出了气，何必把它寄出去惹是生非。"如何面对心中的种种不良情绪？当然是合理地宣泄，放松自己。

其实，很多时候，所谓的轻松方式就是发泄心中的烦恼，无压力地宣泄不满情绪，将心胸放开，这样就会减少一些不必要的烦恼，而且，避免了这样的不良情绪感染到其他人。

一位年轻女孩来到心理咨询中心，说道："前两个月我被公司解聘了，心里很恼火，不愿意见人，整天就待在家里，憋得心慌，内心也变得更加痛苦，有什么办法能够摆脱这样的处境呢？"心理医生这样建议："你这样是不行的，时间长了就会变得郁郁寡欢，寻找一种让自己放松的方式吧。"

齐王患了忧虑病，没能找到正确的治疗方式，时间长了，病情越来越严重，甚至到了卧床不起的时候。这时，大臣建议请名医来诊断病情，于是，齐国派人到宋国请来名医文挚给予医治。文挚查看了齐王的病情，判断出必须采取一定的方式来赶走病人心中的闷气，但是，顾虑到这样会触动齐王而惹来杀身之祸。对此，齐国太子向文挚保证，无论如何都会保证医生的安全。于是，齐王与文挚约好了看病的时间，但是，文挚却连续三次失约，齐王虽在病床上，却对此十分恼怒。

后来，文挚终于应约而来，但是，他不脱鞋就上床，践踩齐王的衣服问病，气得齐王不搭理他。这时，文挚用粗话刺激齐王，齐王终于按捺不住，翻起身来就大骂，没想到，齐王的病却因此好了。

所谓"怒动其身形，冲破忧伤烦闷的不良情绪"，有人在愤怒时暴跳如雷、面红耳赤，实际上，这就是一种能量发泄。

人们常说："言为心声，言一出，心便安。"积极的能量发泄可以采取唱歌、怒吼等方式，这也不失为一种轻松的方式。

小贴士

1. 大声哭泣

哭泣也是一种行之有效的方式，据调查，85%的妇女和73%的男人在哭过之后，心情就会好受一些。威廉菲烈博士说："哭可以将情绪上的压力减轻40%，哭是健康的行为，值得鼓励。"

2. 将不良情绪写出来

将心中的烦闷写出来，这也是一种自我轻松的方式。一般情况下，写诗、写日记都能够有效地发泄郁积在心中的不良情绪，使情绪恢复到平静。而且，从心理学上说，适当发泄长期以来积压的闷气，可以减轻或消除心理疲劳，比起将闷气郁积在心中，将怒气发泄出来会更好，这样可以使我们变得轻松愉快。不良情绪就像夏天的暴风雨一下，需要我们适当发泄，这样才能净化周围的空气，缓解心中的紧张情绪。不良情绪只会让我们变得越来越抑郁，想要获得全身心的轻松，我们必须寻找一些轻松的方式，发泄心中不满的情绪，驱赶心中的消极情绪，将自己解脱出来。

3. 大声吼叫或大声歌唱

在电视剧《北京人在纽约》中，面临破产的威胁，失败的阴影来袭的时候，王起明一边开车一边高唱"太阳最红……"，

获得了心灵上的暂时放松；在日本，每年都要举办一次呐喊比赛，那些情绪不满者向远处的大山大叫，以发泄心中的怒气。或许，对于每一个人而言，他们都有着不同的放松方式，但是，我们最终的目的是赶走郁积在心中的闷气。

4. 激烈运动

一位商人在谈到自己放松的方式时说："当我自知怒气快来的时候，连忙不动声色地想办法离开，跑到健身房，如果我的拳师在那里，我就跟他对打；如果拳师不在，我就猛力地锤击沙袋，直到发泄完自己的满腔怒火，整个人轻松下来为止。"

不良情绪的出现是由于心理上失去了平衡，或者是自己的要求和欲望没能得到满足。因此，我们可以改变心境，寻找一种轻松的方式，这样不良情绪自然就会消失。

情绪低落，精力就涣散

炎热的夏季就快来临了，一个词语也越来越流行，那就是人们口中常说的"情绪中暑"。一旦情绪中暑，人的精力自然会涣散。什么叫情绪中暑呢？科学给予了这样的定义：当气温超过了35℃、日照超过12小时、湿度高于80%，气象条件对人体下丘脑的情绪调节中枢有着明显的影响，人们容易情绪失

控，频繁发生摩擦或争执的现象，这被称为“情绪中暑”，或者叫“夏季情感障碍综合征”。随着天气越来越热，人们的脾气也越来越坏，常常因为一件小事就和他人发生口角；有了一点点响动，就变得神经紧张。心理学家说：“每年到了夏天，因为情绪中暑前来问诊的就超过上千人，因情绪中暑入院的市民约占各大医院门诊数的5%左右，因此，情绪中暑已经成为夏季常见病之一。”对此，随着夏季高温的到来，我们应该警惕“情绪中暑”。

随着炎炎夏日的到来，似乎在一夜之间，任何事都成为争吵的导火索。天气炎热，让我们感到不适的，不仅仅是气温，还有我们那随着气温而不断恶劣的坏脾气。王先生最近几天比较闹心，那天，他开车去上班，行驶到半路就和一个面包车司机吵了一架，后来回忆这件事，王先生感到不可思议：“当时，道路有点堵，本来我的心里已经很烦了，可后面那个面包车驾驶员还一直按喇叭。”因为这一次吵架，紧接着，在这一天，他先后和5名不同车辆的司机发生争吵，工作也没效率。晚上回到家，王先生觉得心里很委屈，对着沙发都是一顿暴打。事实上，在炎热夏季，像这样的事情简直是举不胜数。

如何应对情绪中暑呢？造成情绪中暑的原因，主要是人体对环境的适应能力差。据统计，约有16%的人在夏季会发生“情绪中暑”。“情绪中暑”主要表现为：情绪烦躁，经常

因为琐碎的小事情而对家人或朋友发火，自己也会感到心烦意乱，不能静下心来思考问题；情绪低落，对任何事情都厌倦，觉得生活过得没劲，对身边的人缺乏热情；行为比较古怪，常常会固执地重复一些行为活动。

在炎热的夏季，我们应该尽可能增加休息时间，注意饮食的调整，增加营养。另外，最关键的就是自我调节，例如，调整休息时间，及时补充水分，多食用开胃的东西，这些都有利于调整自己的情绪。

小贴士

对此，心理学家给出如下建议：

1. 多吃败火的食物

在日常生活中，需要多食用清火的食物，多喝一些清水饮料，如新鲜蔬菜、水果、绿茶、啤酒、菊花露等。

2. 少外出

在炎热季节，没有特别的事情应该减少外出的次数。当然，在室内休息的话，需要保持室内通风，以散去人体周围的热气，保持身心“凉快”。

3. 情绪转移

炎热夏季，如果遇到不顺心或令人生气的事情，不要去理它，暂时冷静下来，听听音乐，或者做10分钟的“心情放松操”。

4. 养成良好的作息习惯

每天，养成早睡早起和午休的习惯，保持充足的睡眠，才有足够的精力来应付生活以及工作。

5. 保持乐观积极的心态

在平日的生活中，尽量保持平和、快乐的心态，以解热消暑、消除疲劳。若是感觉心烦气躁，可以通过一些发泄方式如大吃一顿、找朋友聊天等来发泄心中的怨气。

第 11 章

任务管理，借用别人的时间最省力

众所周知，领导日理万机，每天都是忙忙忙。但有的领导却很清闲，他们懂得把事情合理地分配给下属，自己总揽全局，把整个企业管理运筹帷幄之中。我们在进行时间管理时，也要做好任务管理，借用别人的时间更省力。

借助团队的力量，把任务化整为零

任何一个组织，不管大小都需要团队合作，虽然合作的形式会有所差别，但高效的团队合作，往往是组织成员共同努力的结果，因为组织内上下级，员工与员工之间是一个复杂而微妙的动态过程，而非简单的加权。

其实，任何团队的组合实际上都是一种优势互补。在实际生活中，即便是再高明的人，也有不知道的地方，也有不足之处，总是这里或那里搞不明白。面对这样的情况，若是找一个能与之互补的人组成团队，那岂不是更完美？我们都知道，一个人能力再强，但也到不了想干什么就干什么的地步，因此一个好的组合团队往往聚集了众多个人的力量，从而形成更强大的力量，而这样的力量恰恰是在实际工作中所需要的。所以，如果你想在事业中赢得头筹，那组建一个好的团队是很有必要的。

例如，单就谈判团队而言，它作为一个典型的组织团队也是这样。如今，谈判变得越来越复杂，所牵涉的范围也比较广泛，所需要的知识也很广博，诸如产品、技术、市场、金融、法律等多方面，假如是牵涉国际间的谈判，还会涉及国际法、外语等知识，如此纷繁的知识绝不是仅凭一个人就能办到的。因此，谈判除了一对一的方式之外，更多的时候是一个谈判团

队对另外一个谈判团队。为了实现某个具体的谈判目标，组合放大了个人的力量，从而形成一种新的力量。

巴菲特旗下的伯克希尔·哈撒韦投资公司屡屡创造奇迹，这源于它有着卓越的团队组合。团队中有9位高管，在这些人身上，体现了美国人的冒险、团队、创新、品牌等精神。

伯克希尔·哈撒韦投资公司，无疑展现了伟大的团队力量。通过这个团队，我们清楚地知道，并不是巴菲特一个人在战斗。台前幕后，这个有着9名高管的优秀团队才是巴菲特经久不衰、屡战屡强的坚强后盾。

俗话说："三个臭皮匠，顶一个诸葛亮。"一支管理精良的团队具有这样的优势：可以代表公司内部的多方利益；可以保障企业内部各方对最终协议的坚定执行；可以有效地提高团队成员的自信，让整个团队在行业内相当具有杀伤力。

当我们在组合一个团队的时候，宗旨是凝聚起来的力量应该是巨大的，而不是削弱整体的力量，也就是说，尽量做到互补，尽可能综合所有的力量。

小贴士

1. 如何组建团队

在组建团队时，需要考虑两方面的内容：一方面是需要成员具有良好的专业基础知识，而且能快速有效地解决实际运作中可能出现的问题；另一方面团队人员必须关系和谐，可以求同存异。简单地说，就是需要成员遵循知识的互补性，包括性

格、能力的互补。

2. 团队成员少而精

团队的成员是不是越多越好呢？当然不是，以少量的人做更多的事情，这才是团队所要达成的目标。例如，谈判团队需要多少人才适合呢？国内外的专家普遍认为大概需要6个人，即谈判管理员、经济人员、技术人员、法律人员、翻译人员、记录人员。人员的搭配要适当，也可以适当做出调整。

当然，我们在建立团队的时候，不要与对方团队的人数相比较，因为相比于人多但臃肿的团队，一个人少而精良的团队要好很多。

借助同事的力量，合作无间干活不累

常言道："小合作有小成就，大合作有大成就，不合作就很难有什么成就。"当然，在工作中，成功的合作不仅需要有统一的目标，尽力做好分内的事情，而且，还要心中想着别人，心中想着团体，并有一定的自我牺牲精神。员工需要养成良好的合作习惯，这关系到你的职业前途，学会与人合作，不仅可以弥足自己的不足，还能够形成一种合力。

当双方有共同利益的时候，人们往往会优先选择竞争，而不是选择对双方都有利的合作。这样的现象，被心理学家称为

“竞争优势效应”。任何人在这个世界都不是孤立存在的，都要与周围的人发生各种各样的关系。作为员工，需要与同事一起工作，共同完成工作任务，这就是合作。无论你从事什么职业，也不论你在哪里，都离不开与别人的合作。对此，作为员工，在工作中要学会合作，彼此互相配合，才能把工作做好。工作中的许多事务，只有通过与人合作才能完成，一个人若是学会了与人合作，也就获得了打开成功之门的钥匙。

一盘散沙，尽管它金光灿灿，却没有太大的作用，但是如果与水泥结合在一起，就能够盖成高楼大厦。一个人的力量犹如沙砾，只要我们学会与人合作，就会起到意想不到的变化，说不定，你就成为不可思议的有用之才。学会与人合作，才能使自己不断地进步。当然，并不是所有的人都能有效地与人合作，往往那些善于团结的人，更能引导其他人进行合作，或引导他们团结在自己身边，共同完成一件工作。

神秘的自然界会给我们留下许多成功的启示，红杉就是一个很好的例子。有时候，成功不能只靠自己的强大，也需要依靠别人。简单地说，只有能帮助更多的人成功，自己才能更成功，就如同红杉根部相连，以紧密的合作关系，创造出屹立不摇的奇迹。

合作的原则是“以诚相待”，既然彼此是合作伙伴，如同一条线上拴着的两个蚂蚱，一损俱损，一荣俱荣，如此团结一致，才能达到合作的最终目的。

同样的条件，为什么有的人把它变成天堂，而另外一些人却将它变成地狱？关键在于，你是否学会合作，你所选择的是共同幸福还是独自霸占利益。在日常工作中，需要我们与同事合作的机会很多，可能在合作的过程中会出现一些分歧，产生一些矛盾，但既然已经成为合作伙伴，就要珍惜彼此间的合作机会，致力将合作推向成功，这样，你的工作才会越做越好。

员工需要懂得合作，如果你羽翼未丰，就需要加入成功的团体，在合作中学习。合作是需要一定的自我牺牲精神的，因为合作的目的是通过大家的共同努力，获得共同的成功，如果你只是自私地想自己成功，而不顾及别人，这样就没人愿意与你合作。

小贴士

那么，在现实生活中如何提高与之间的合作呢？

1. 默契比利益重要

工作的地方就有竞争，如果想与同事之间形成协同合作能力，就需要将利益放在第一位，因为有了默契，才能共同创造利益。

2. 生活上也可以帮助对方

虽然是同事，但也可以成为生活中不错的朋友。当同事在生活中有什么困难，应及时伸出援助之手，让对方感受自己的真诚。

3. 偶尔的争议不要放在心上

同事之间难免因为工作的事情争得面红耳赤，这是再正常

不过的事情。不过，无须把这些琐碎的争吵放在心上，毕竟是为了工作，所以没必要记在心底。

最大限度借助下属的能力

要想掌握高超的用人之道，必先做到知人善任。知人，就是要了解别人，也就是对人的考察、识别、选择；善认，也就是对人要使用得当。所谓的知人善任，就是要认真地考察别人、确切地了解别人，把每个人都安排到适当的岗位上去，充分地让他们发挥好自己的特长、施展才干，这是作为领导者的重要工作之一。就好比一台机器，有了先进的设计、合理的结构和科学易行的操作规程，还必须有高质量的操作人员。通常情况下，路线确定之后，人就成为决定因素，就是这个道理。

有效的人员管理，知人善任也是非常省时省力的。有人曾问巴菲特："如何才能在投资中控制自己的风险？"巴菲特回答说："一个是守规矩，另外一个是选人，最重要的是选人。"在伯克希尔·哈撒韦投资公司，巴菲特很重视挑选职业经理人、投资经理人，要求十分严格，要选最好的，选完之后给他们最大的权力空间，让他们可以自由发挥。假如这些职业经理人达到了他的要求就会得到许多的回报；假如达不到他的要求，巴菲特就会很礼貌地叫他们"走路"，这就是所谓的以

人为本。

知人用人要有胆量，而胆量往往来自对人的了解，了解得越多，判断就越准，用起来才会更大胆。

在《三国演义》中，曹操擅长知人善用，因此赢得了霸业。

曹操在出征张鲁之前，给合肥护军薛悌送了一封密信，信封上写着“贼来乃发”。没过多久，东吴孙权便率领10万兵来围攻合肥，当时张辽、李典和乐进三人一起守护合肥，大家拆开密信一看，曹操已经在密信里对此战的防御和进攻做了很好的安排：假如孙权率兵来攻，便由张辽、李典出兵作战，乐进则守城。最后，合肥一战，张辽与李典大破孙权10万兵，创下了著名的以少胜多的战役。

原来，当时这三位将军一向不和睦。不过，张辽听从曹操的指示坚决出战，主张以攻为守，这个举动感动了李典和乐进，大家决定放弃私人恩怨，同仇敌忾，当即表示听从张辽指挥，一起抗敌。生性胆怯的乐进，为人十分谨慎小心，比较适合守城。而曹操的部署，正好符合三人的个性。

话说：“夫兵，诡道也。至于合淝之守，悬弱无援，专任勇者，则好战生患；专任怯者，则惧心难保。且彼众我寡，众者必贪惰；我以致命之师，击贪惰之卒，其势必胜。”这里，不能不归功曹操知人甚深，他不仅了解张、李、乐三人平日的隔阂，更对三人的作战能力，用兵特点以及性格修养都了如指掌。因此这封密函不仅调解了三将的关系，又通过适当的分

工，使三将的优劣互补，最大限度地发挥了三将在防御作战中的整体优势。

“用人所长，扬长避短”，这应该是一个基本原则。人的个体存在很大的差异，这种差异不仅表现在职业能力上，而且还表现在个性、价值观以及职业倾向上。

领导者在为下属分配任务时除了考虑岗位要求之外，还应该针对并尊重员工自身的特点以及优势，安排与其特点和优势相适应的工作，给予充分发挥的空间，不仅可以提高工作效率，还能够节省很多时间。

小贴士

1. 如何知人

俗话说：“不知人之短，不知人之长；不知人长中之短，不知人短中之长，则不可用人。”可以说，知人是用人的前提，每个人都是问题优点并存，长短处一起存在，有的人内秀而外拙，才不外露；有的人博学多智，却只会纸上谈兵。我们如何去了解这些人？那就需要从信任出发，从了解入手，知其德才学识，明其优劣长短，从其发展的前景中把握。要想准确、清楚地了解一个人，不能只看文凭和档案，也不仅仅凭感觉和印象，而是需要深入了解、全面分析，这样才能辨其才能、明其本质，才能真正做到“善认”。

2. 如何善任

善认的重点在于扬长避短，不过，怎么样才能扬长避短呢？要学会量才使用，有的人善于管理，有的人懂业务，在选才时要以“质”为依据，以“质”为调配，这样才能使人才的质得以体现；要注意团队结构，人才群体的组成应注意知识结构、年龄层次、专业类型、性格特点等合理搭配，这样才能产生人才资源的互补效应。

不懂放权与授权，活该被累

只有平庸的将，没有无能的兵。大凡优秀的领导者总是可以从身边挖掘人才并充分发挥他们的潜能，而那些拙劣的领导者总是抱怨无人能用。于是，那些优秀的领导者带领身边的人才不断走向成功，而那些拙劣的领导者却在抱怨中走向没落。作为领导者，应该学会将权力放手给别人，有的领导者天生喜欢操心，他的心无时无刻不在担心这担心那，好像一刻也不能放松，于是，他的整颗心都是紧绷着的。

在生活中，无论是大事还是小事，他们都不放心别人去做，而是亲力亲为。领导者所扮演的角色无疑于一个母亲，当一个母亲放手让孩子跑步的时候，她确信孩子已经能跑了；当孩子在迷蒙中被母亲放手后才知道母亲放手的原因，因为孩子已经得到了信任。领导者放权力给下属，也就是说，我信任你了，给你权力，你必须去巩固它、发展它，很快你就会变得优

秀起来。

王姐从小就有个习惯，对于有关于自己的事情，她必然是自己去做，她不放心任何人去做。在她年纪尚小的时候，有一次，她背着厚重的东西回家，身边的朋友好心建议说："让我帮你背一程吧。"结果她也拒绝了，理由是怕对方将她的东西掉到地上，朋友听到这个理由，下巴都快掉了下来。

长大后，王姐的这个习惯更是日益严重。高中毕业后，王姐就在一家蛋糕店当了收银员，没事就守在那个柜台边，不让任何人接近自己的工作位置。店长吩咐："你在有时间的时候，教教店里的导购收银。"结果，王姐也是经常将这样的吩咐忘记了，她从来不放心自己的工作让别人去干。就因为这样独特的习惯，她在店里的人缘相当不好，但她对工作倒是很负责任，工作了几年之后，她升职当了店长，这样她显得更忙了。早上，她第一个到店里，晚上她最晚离开蛋糕店，因为她不放心任何一个店员，她需要亲力亲为收货、摆货、收银，这样一来，自己算是放心了，但长此以往这样拼命地上班，王姐真是疲累不堪。但如果她若是不去店里，让店员们去做，她的心就更累。

终于，没过多久，王姐终于累倒了，躺在医院里，她所担心的还是蛋糕店："今天货到齐了吗？""货物摆放得整齐吗？"坐在床边的老公忍不住说："你总是这样，凡事亲力亲为，你以为自己多伟大，但其实是抹杀了店员们表现自我的机

会，今天早上我路过蛋糕店，发现没有你，他们依然将事情做得很好，有条不紊，你就不用操心了，你现在是店长，很多事情完全可以交给别人去做。如果你总是操心，那你永远有操不完的心，你自己也会身心俱累。”

案例中，王姐虽然升职成为店长，但她没有将手中的权力放手给下属，店里的很多事情总是亲自去做，结果病倒在床上，她的累不仅在身体上，而且来自内心。因为太过于操心，她几乎每时每刻都在想还有什么事情没做好，她就好像一个陀螺一样，不停地转，直至最后无力地摔倒在地上。其实，她完全没必要这样累，放手将一些事情交给别人去打理，不仅轻松了自己，而且给予了下属展现自我的机会。

生活中，一个人操心太多就会使其身心疲惫，反之，如果将别人能做的事情交给其他人去做，自己只是观看或指导，反而会轻松很多。当然，要想培养这样的习惯，首先应该学会信任别人，以及放松自己。你只有足够地信任别人，才能放心地将事情交给对方；你只有放松了自己，才不会那么执着地想要亲自去做。所以，不要太过操心，让自己过得轻松一点，将某些人和事交给别人去办，这样自己才能轻松起来。

当然，凡事都亲力亲为，这是一种负责任的态度，但若是太过亲力亲为，那就是有点以自我为中心了。对下属给予信任，将权力放手给别人，你会发现这真的是省力省时，自己腾开手了也可以做其他事情。

小贴士

1. 肯定下属

英国女演员和诗人乔吉特·勒布朗说：“人类所有的仁慈、善良、魅力和尽善尽美只属于那些懂得鉴赏它们的人。”任何一个下属都希望得到别人的肯定，尤其是上级的认可。美国著名的企业管理顾问史密斯指出：“一个员工再不显眼的好表现，若能得到领导的认可，都能对他产生激励的作用。”

2. 信任下属

信任是释放权力的基础。虽然，信任是一个很简单的词，却是一个包含深奥玄机的词，信任产生的心态就是认可，领导只有认可了下属才能信任他。一位管理学家说：“我相信部属具备必须的技能和设备，能完成我授权执行的任务，于是我得以专心思考策略问题。”放手一些权力，不仅是领导者的自我松绑，而且也是一种工作本质的需要。

参考文献

[1]兰德尔. 时间管理[M]. 舒建广，译. 上海：上海交通大学出版社，2012.

[2]范德卡姆. 时间管理手账[M]. 刘灵，译. 北京：中信出版社，2016.

[3]徐宪江. 哈佛时间管理课[M]. 北京：中国法制出版社，2017.

[4]张萌. 加速[M]. 北京：北京联合出版有限公司，2018.